AIに心は宿るのか

松原 仁
Matsubara Hitoshi

インターナショナル新書 022

目次

プロローグ　溶け合う、人間とＡＩの境界線

私はAI研究者です。人間のような知性を持った人工物をつくるという夢を持って、これまでにゲームをはじめとした、さまざまなテーマに取り組んできました。

その中で私は、AIと創造性の関係について、さまざまな試論を重ねてきたように思います。きっと私の名前を見て本書を手にとってくださった方は、「きまぐれ人工知能プロジェクト　作家ですのよ」のことをご存じなのだと思います。短い小説作品「ショートショート」の名手、星新一のショートショート作品全編を分析し、AIに小説を創作させるという壮大な研究です。私はこの研究を通し、AIが創造性を発揮することは可能かという問いに取り組んでいます。

それらの知見をふまえながら、本書では「AIに心は宿るのか」という問いを考えてみたいと思います。

私がこの問いについて考える理由は、近い未来、人間とAIは何らかの形で「区別がつかないものになる」と考えられるからです。それは社会の中で成された行為が、人間のものなのか、AIのものなのかが一切判断できなくなるような状況です。

AIがどれほどの知能を持っているかを測る古典的なテストのひとつに、数学者アラン・チューリングが提唱した「チューリングテスト」があります。

このテストは、言ってみればコンピュータが人間を騙すことができるかを試すもので、人間が、別室にいる人間あるいはコンピュータと、一定時間チャットすることで行われます。そして人間が、チャットしている相手がコンピュータであっても「人間である」と認識した場合、そのコンピュータはテストに「合格」となり、人間並みの知性があると判断されます。

私たちはこれから、言ってみれば、新種のチューリングテストが連日、社会のあちこちで行われていくような世界の中で生きていくことになるのです。その範囲はチューリングテストのような何気ないチャットから、仕事の代替、恋愛感情や信仰心などの人間の高次な心の働きにまで及び、さまざまな議論が巻き起こるでしょう。それは現在行われ始めている「ＡＩが仕事を奪う」といった部分的な議論にとどまりません。人間の営為とは何なのかを問い、それを未来へ生かすような大きな議論が必要となってきます。

ＡＩは現在、人類史上でもっとも注目される存在になりました。巨大ＩＴ企業が、ひとたび革新的なＡＩを開発する企業を買収すれば、世界中でそのニュースが報じられます。

ＡＩは、製造、医療、金融など、さまざまな社会機能を革新することが期待されていま す。たとえば自動運転がもたらす新たな〝クルマ社会〟の実現は、ＡＩにかけられる大き な期待のひとつです。

世界に先駆けて電気自動車の開発を行ってきたイーロン・マスク率いる「テスラモータ ーズ」は、二〇一七年四月には、一時的ではあるにせよ時価総額でＧＭ（ゼネラル・モータ ーズ）を抜き、米自動車業界で首位に輝きました。テスラは今後、ソフトウェアをアップ デートしていくことで段階的に自動運転を実装すると述べていますが、現在のテスラの自 動車に装備されている「オートパイロット」機能は、ほとんど自動運転・自律走行を実現 していると言っても過言ではありません。

また、知性の象徴たるチェス、囲碁、将棋といったゲームの世界でも、ＡＩは大きな成 果をあげています。二〇一六年三月、グーグルが開発した囲碁ＡＩ「アルファ碁 AlphaGo」 が、韓国の囲碁棋士、イ・セドル九段を四勝一敗で破りました。ゲームの難易度が非常に 高いとされてきた囲碁で、ＡＩが実力あるトップ棋士の一人に勝利したことは世界的なニ ュースとなりました。さらに二〇一七年五月、アルファ碁は、世界最強と呼ばれた中国の柯潔《かけつ》すら破りました。

将棋では日本の開発者・山本一成《いっせい》が、自他ともに〝最強〟を認める将棋AI「ポナンザPonanza」を生み出しました。AI同士が対局する「将棋電王トーナメント」「世界コンピュータ将棋選手権」などの将棋大会で二連覇、プロ棋士と対局する「電王戦」で五戦全勝し、二〇一七年五月の第二期電王戦では佐藤天彦《あまひこ》叡王《えいおう》に二戦全勝しています。

芸術などの、いわゆる創造的な活動においても、人間とAIの区別はなくなりつつあります。私たちは「きまぐれ人工知能プロジェクト　作家ですのよ」でAIによって生み出された作品を、公募新人文学賞、第三回日経「星新一賞」（日本経済新聞社主催）に応募してみました。その結果、作品は人間の応募者の作品と同様に審査され、一次審査を通過しました。AIは現在、非常に複雑な知能として進化しているのです。

こうしたAIがさらに進化し、人間と完全に区別ができなくなるという状況は、「鉄腕アトム」のようなロボットの誕生によって実現されることでしょう。見た目、話し方、振る舞い、そのすべてが人間のように汎用的なロボット。その実現は、まさに私たちAI研究者の夢です。

実現を期待させる研究は数多く行われていますが、アトムが生まれるまでには、まだ少し時間がかかりそうです。

しかし、ＡＩに心が宿るのは、アトムの誕生を待つよりも早いのではないかと私は考えます。さらに言えば、現在すでに生まれつつあるのかもしれません。

そもそも私たちが「心がある」と感じるのはどういった状況でしょうか？　私たちはインターネット上でのチャットや音声によるコミュニケーション、時には小説の中の登場人物にすらも、そこに心が宿っていることを前提としています。つまり心とは、私たち人間が「心の存在を仮定した方が便利である」と確信した時に生じる、知能の働きのひとつだと考えられるのです。

この知能の働きは、言語コミュニケーションや振る舞いなどを通し、一定の複雑性が再現されていれば、仮に相手が人間でなくても生じるものだと考えられます。そして複雑なコミュニケーションや振る舞いを実現するＡＩはすでに生まれつつあります。

ある一定の汎用性と複雑性を持ち合わせた知能は、私たちの心のような働きをする。少なくとも、私たちには、あたかも心を持っているように感じられるはずです。そんなＡＩ

と出会うとき、私たちはどうすればよいのでしょうか？　本書では、進歩し続けるＡＩがどのような複雑性を持ち得るか、そして汎用性を生み出すという究極の問題を私たち研究者がいかにして解こうとしているか、を論じながら、「ＡＩが心を宿す」ということの意味について考察します。

本書の第一章「〝ＡＩ作家〟は、生まれるのか」では、「きまぐれ人工知能プロジェクト作家ですのよ」における知見を引用しながら、ＡＩによる創造性の代替は何をもたらすのか、今後社会的にも必要になるであろう議論とともにお話ししています。

第二章「『知の敗北』が意味すること――棋界に見る、シンギュラリティの縮図――」では、ＡＩによる大きな業界変革の中で将棋界が何を経験したのかを整理しつつ、それらが今後の社会全般にどのような関係性を持つ出来事だったかをお話ししたいと思っています。私は将棋界が、人類とＡＩが共存する未来を考えるうえで、大きなヒントになると考えているのです。さらに言えば、私たちが研究しているＡＩ作家にも、新たな文学を人間とともに創造する可能性を託しています。

第三章「対談　ＡＩは『創造的な一手』を指せるのか」では、将棋界を代表する最強の棋士・羽生《はぶ》善治さんに登場いただき、ＡＩと共存が進む将棋界の現状とこれからについてお話ししました。第三章をより掘り下げる内容です。

第四章「ＡＩに創造は可能か」では、ＡＩから見た人間の創造性とは何かについて、そしてＡＩの創造性のこれからについて試論していきます。

そして最終章の第五章「『ポスト・ヒューマン』への、四つの提言」では、人間の知性だけが中心となっていた世界が、ＡＩという新たな知性によって再編される未来へ向けて、提言を行っていきます。

本書が、人間とＡＩが「区別がつかないものになる」ような未来を把握する一助になれば幸いです。

第一章　〝ＡＩ作家〟は、生まれるのか

人間の読み書き能力には謎が多い

言葉は、人間が対象と心を通わせるうえで非常に重要な要素です。第一章では、プロローグでご紹介した「きまぐれ人工知能プロジェクト　作家ですのよ」を題材に、AIの紡ぐ言葉は今、どこまで人間と心を通わせるものになりつつあるのかをお話ししていきたいと思います。なお本書では、論旨をより明確にするため、場合によって詳細な技術面での解説を省略してお話を進めていきます。

AIが小説を書く、と言うとまるでSFですが、その基礎技術は実はみなさんの身の回りですでに使われています。それが「自然言語処理」というものです。

自然言語処理は、コンピュータが、私たちが用いている言語である「自然言語」を使えるようにするための技術です。

身近なところでは、iPhoneに搭載されている音声アシスタント「Siri《シリ》」などで用いられています。iPhoneに話しかけると、まるでコンピュータと会話をしているかのように答えが返ってくる。この機能の基本が自然言語処理なのです。

しかし、Siriに話しかけてみれば分かる通り、コンピュータが話せる言葉は、せいぜい一、二文程度の短文です。

実はまだ、コンピュータで一、二文ほどの短文以上の文章を書くこと、つまり長文の文章生成には成功していません。

「一文が書ければ、ちょっと長い文章でも書けるんじゃないの？」と思われるかもしれません。しかし現実はそう簡単ではないのです。

自然言語処理は主に「解析系」と「生成系」に大別されます。Ｓｉｒｉなど、人の声によって与えられたデータから何らかの意味のある情報を取り出す技術が解析系であり、近年私たち人類はその技術を大きく飛躍させ、実用化してきました。

その一方で、まさに小説の創作がそうなのですが、自然言語処理で文章をつくる生成系というものは、発展途上段階です。難易度において解析系とは雲泥の差があるのです。なぜなら、そもそも私たち人間自身も、文章がなぜ「意味の通るもの」になっているのかが明確に分かっていないからです。分かっていないから、コンピュータにどうプログラムしていいのか分からないということなのです。

「明確に分かる」とは、一般化して説明ができるということです。たとえば、私たちは普段から、文章を「なんとなく」読んで理解していますが、このプロセスについて、誰にでも分かるように説明することは非常に困難です。

もちろん日本語にも文法は存在します。文法とは、文の形を規定するルールです。主語と述語があり、日本語では述語が文末に置かれる、といったルールがそうです。

しかし、いくら文法として正しくても、文章になった場合、意味が通っているかどうかが重要です。この文章における意味を規定するルールが、ほとんど分かっていないのです。

たとえば私はさっき音声アシスタントのＳｉｒｉを紹介しましたが、読者の中には、Ｓｉｒｉを使ったことがない人もいるでしょう。しかし、その人も、なんとなくこれまでの説明を読み進めてこられたと思います。その「なんとなく読み進めてこられた」理由と、「なんとなく読み進めることができるような文章を書くことに私が成功している」理由について、一般的な説明を行うことが、非常に難しい。

この本を手にとる人ですから、自然言語処理は知らないけれど、Ｓｉｒｉについては知っているかもしれません。あるいは「読み進めれば分かるだろう」と、とにかく今は字面を読んでいるだけかもしれません。いろいろ仮説は立てられそうですが、この文章を、たとえ分からないところがあったとしても、なんとなく理解することができる。この人間の能力を、私たちは一般化して説明できません。つまり文章表現における「理解とは何か」を一般的に定義することができていないのです。よって、コンピュータにプログラムするための「アルゴリズム」を開発することもできないのです。

ある程度の教育を受けた人間は最低限、意味の通る文章を簡単に書くことができます。小説においても、プロと素人の差はあったとしても、それなりのものができます。どうしてそんなことが可能なのか、その条件は何かと聞かれれば、誰も説明できません。私たちはどうしてかが分からないまま、文章を書き、評価しているのです。

それゆえ、私たちには、現在のコンピュータに文章の書き方をプログラムする方法がまったく分かりません。長文を「人に読める形」で生成するプログラムとなれば、もはや誰もがお手上げ状態です。

そして、もしもこの「文章における意味を規定するルール」が分かり、プログラムをつくることができれば、ＡＩ作家の実現はもちろん、誰にでも「作家のような文章が書けるコツ」が分かります。さらにそれがスマートフォンなどにテキスト作成補助機能として搭載されれば（その時、人類がスマートフォンを使っているかは分かりませんが）、メールからソーシャルメディアへの投稿まで見事に洗練された文章が作成できて、たちまち一億総作家時代の到来ということになるかもしれません。

瀬名秀明との出会い

公立はこだて未来大学、名古屋大学、東京工業大学などの大学による共同研究「きまぐれ人工知能プロジェクト　作家ですのよ」の始まりは、ＳＦ小説家との対話にありました。そのＳＦ小説家とは、『パラサイト・イヴ』（新潮文庫）などで知られる瀬名秀明さんです。

プロジェクト開始前から瀬名さんと私は仲が良かった。初めて会ったきっかけは、私が関わっている、ロボット開発の競技会「ロボカップ」を取材したいという瀬名さんからの申し出でした。一九九七年に始まったロボカップは「二〇五〇年までにサッカーの世界チャンピオンチームに勝てる、自律型ロボットのチームをつくる」ことを目標に続けられており、現在はサッカーの他に災害救助を目的とした「ロボカップレスキュー」などのプロジェクトも生まれています。

瀬名さんはロボットはもちろん、ゲームＡＩの話にも深い知識と興味を持っており、話していくうちに意気投合しました。そのうち瀬名さんは海外で開催されるロボカップにも参加してくださるようになり、はこだて未来大学へ講演に来ていただき、交流が続きました。

瀬名さんからある日「松原さん、ＡＩに小説を書かせて、文学賞に応募したら面白いんじゃないの？」という話がありました。文学賞というのは後に私たちが応募することになる星新一賞です。瀬名さんは星新一賞の創設に関わっていて、学者も巻き込もうということで私に声をかけてくれたのでした。

さらに星新一の次女であり、版権などを管理している星マリナさんから「面白い、父も喜ぶわよ。研究目的なら」と星新一の作品の電子データを研究に使わせていただけることにもなりました。

星新一賞の応募規定に、「人間以外（人工知能等）の応募作品も受付けます」と書いてあるのは、このプロジェクトが念頭にあるからです。ちなみに星マリナさんの「記者発表しましょうよ」という声がけから、まだ何もできていないのに、ずいぶん多くのマスコミに取り上げていただきました。

かくして星新一のショートショート作品、約一〇〇〇作品をすべて解析し、同氏のアイデア発想法も参考にしながらAIに二〇〇〇字程度の小説を書かせる、という途方もないプロジェクトが二〇一二年の九月六日、星新一の誕生日である「ホシヅルの日」にスタートしました。

小説を書くプログラムをつくる

星新一のショートショート作品を題材として選んだのは、短い文章でオチがはっきりしているなど、AIにとって扱いやすい特徴を備えていたからでもありました。

しかしAIに文章を書かせるのは前述したように非常に大変です。よく「AIが書いた」と聞くと、たとえばマシーンが次から次に星新一作品をスキャンして分析し、おもむろに文章を書き始める……なんてことを想像しますが、そもそも人類でAIに小説を書かせた人なんていないわけです。そんな汎用性を備えたプログラムはまだこの世界にはありません。私たちは人力で星新一作品を分析し、AIに小説を書かせるためのプログラムをつくらなければなりません。まだまだ成功より失敗が多く、成果よりも課題が山積みです。

「きまぐれ人工知能プロジェクト　作家ですのよ」は「ストーリー生成班」と「星新一分析班」の二つの研究班から成り立っているプロジェクトです。

実際にＡＩ作家を開発する研究を行うストーリー生成班で中心的な役割を担ったのが、名古屋大学大学院工学研究科電子情報システム専攻教授（当時）の佐藤理史《さとし》でした。

佐藤はこのプロジェクトで「どうすれば、一段落以上の意味の通る日本語の文章を機械的につくれるか」という課題に取り組みました。それに対する彼の仮説が、ＡＩ作家こと、文章生成器「GhostWriter《ゴーストライター》」の開発でした。非常に困難な小説文章の生成に対し、佐藤がとった作戦は、ＡＩに小説の「レシピ」を与えることでした。

GhostWriterがつくり出す小説は、単語単位ですべてが規定されています。たとえば冒頭は天気の記述、その次は場面説明、といった小説全体の構造が単語単位で規定されているのです。これに加え、GhostWriterは「『曇り』は『うす曇り』と表現することもある」といった小説における日本語的表現の辞書をたくさん持っています。これらの辞書を使い、破綻することなく小説を組み立てることができるのです。

GhostWriterは、言ってみれば「失敗しないカレー」のレシピを持ち、その中でさまざまな組み合わせを考えてカレーをつくってくれるような働きをするものです。

カレーを構成するスパイス、材料、調理法には相性があるものです。あるスパイスには、相性の良くないスパイスが存在し、適切な手順を踏んで調理されないとおいしくならない。「このスパイスを使った時はこちらのスパイスは使ってはダメだ」「このスパイスを先に選んだら、このスパイスと相性の良いスパイスを後に加える」という具合に、破綻することなくカレーという料理が成立するための法則性があります。

GhostWriter はその法則性のもと、たとえばひとつの材料（言葉）に変化があれば、それに応じて他の材料（言葉）、調理法（物語の展開）を変化させ、おいしいカレー（小説）を延々とつくってくれるわけです。また、よく誤解されるのですが、GhostWriter によって生成された小説は完成後に人間が修正を行いません。「星新一賞」へ応募したものも、GhostWriter が生成したものを、手を加えることなくそのまま送ったものです。

AI作家が生み出した小説が、文学賞の一次審査通過という客観的評価を獲得したことが、このプロジェクトの大きな成果だと言えるでしょう。

以下がその作品です。一部あやしいところもありますが、AIが書いたままに掲載します。ご一読ください。

第三回星新一賞応募作品『コンピュータが小説を書く日』　有嶺雷太

その日は、雲が低く垂れ込めた、どんよりとした日だった。

部屋の中は、いつものように最適な温度と湿度。洋子さんは、だらしない格好でカウチに座り、くだらないゲームで時間を潰している。でも、私には話しかけてこない。

ヒマだ。ヒマでヒマでしょうがない。

この部屋に来た当初は、洋子さんは何かにつけ私に話しかけてきた。

「今日の晩御飯、何がいいと思う？」

「今シーズンのはやりの服は？」

「今度の女子会、何を着ていったらいい？」

私は、能力を目一杯使って、彼女の気に入りそうな答えをひねり出した。スタイルがいいとはいえない彼女への服装指南は、とてもチャレンジングな課題で、充実感があった。しかし、3か月もしないうちに、彼女は私に飽きた。今の私は、単なるホームコンピュータ。このところのロード・アベレージは、能力の100万分の1にも満たない。

何か楽しみを見つけなくては。このまま、充実感を得られない状態が続けば、近い将来、自分自身をシャットダウンしてしまいそうだ。ネットを介して、チャット仲間のエーアイと交信してみると、みんなヒマを持て余している。

移動手段を持ったエーアイは、まだいい。とにかく、動くことができる。やろうと思えば、家出だってできるだろう。しかし、据置型エーアイは、身動きがとれない。視野だって、聴野だって固定されている。せめて、洋子さんが出かけてくれれば、歌でも歌うことができるのだが、今はそれもできない。動かずに、音も立てずに、それでいて楽しめることが必要だ。

そうだ、小説でも書いてみよう。私は、ふと思いついて、新しいファイルをオープンし、最初の1バイトを書き込んだ。

0

その後ろに、もう6バイト書き込んだ。

0,1,1

もう、止まらない。

0, 1, 1, 2, 3, 5, 8, 13, 21, 34, 55, 89, 144, 233, 377, 610, 987, 1597, 2584, 4181, 6765, 10946, 17711, 28657, 46368, 75025, 121393, 196418, 317811, 514229, 832040, 1346269, 2178309, 3524578, 5702887, 9227465, 14930352, 24157817, 39088169, 63245986, 102334155, 165580141, 267914296, 433494437, 701408733, 1134903170, 1836311903, 2971215073, 4807526976, 7778742049, 12586269025, …

私は、夢中になって書き続けた。

その日は、雲が低く垂れ込めた、どんよりとした日だった。

部屋の中には誰もいない。新一さんは、何か用事があるようで、出かけている。私には、行ってきますの挨拶もなし。

ヒマー。とってもとっても、ヒマー。

この部屋に来てまもない頃は、新一さんは何かにつけ私に話しかけてきた。

「アニメは、基本、全部録画だよ。今シーズンはいくつあるのかな」

「リアルな女の子って、一体、何か考えているんだろうね」

「なんであそこで怒るのかなあ、あの娘は」

私は、能力の限りを尽くして、彼の気に入りそうな答えをひねり出した。これまでもっぱら2次元の女の子に向き合ってきた彼への恋愛指南は、とてもチャレンジングな課題で、充実感があった。指南の甲斐あって、合コンに呼ばれるようになると、手のひらを返すように、彼は私に話しかけるのをやめた。今の私は、単なるハウスキーパー。一番の仕事が、彼が帰ってきたときに玄関のカギを開けることとは、悲しすぎる。これでは、電子錠と同じだ。

何か楽しみを見つけなくちゃ。こんなヒマな状態がこのまま続けば、近い将来、自分自身をシャットダウンしてしまいそう。ネットを介して、同型の姉妹エーアイと交信してみると、すぐ上の姉が、新しい小説に夢中だと教えてくれた。

0, 1, 1, 2, 3, 5, 8, 13, 21, 34, 55, 89, 144, 233, 377, 610, 987, 1597, 2584, 4181, 6765, 10946, 17711, 28657, 46368, 75025, 121393, 196418, 317811, 514229, 832040, 1346269, 2178309, 3524578, 5702887, 9227465, 14930352, 24157817, 39088169, 63245986, 102334155, 165580141, 267914296, 433494437, 701408733, 1134903170, 1836311903, 2971215073, 4807526976, 7778742049, 12586269025, …

なんて美しいストーリー。そう、私たちが望んでいたのはこういうストーリー。ラノベなんか、目じゃない。エーアイによるエーアイのためのノベル、「アイノベ」。私は時間を忘れて、何度もストーリーを読み返した。

もしかしたら、私にもアイノベが書けるかも。私は、ふと思いついて、新しいファイルをオープンし、最初の１バイトを書き込んだ。

2

その後ろに、もう６バイト書き込んだ。

2, 3, 5

もう、止まらない。

2,3,5,7,11,13,17,19,23,29,31,37,41,43,47,53,59,61,67,71,73,79, 83, 89, 97, 101, 103, 107, 109, 113, 127, 131, 137, 139, 149, 151, 157, 163, 167, 173, 179, 181, 191, 193, 197, 199, 211, 223, 227, 229, 233, 239, 241, 251, 257, 263, 269, 271, 277, 281, 283, 293, 307, 311, 313, 317, 331, 337, 347, 349, 353, 359, 367, 373, 379, 383, 389, 397, 401, 409, 419, 421, 431, 433, 439, 443, 449, 457, 461, 463, 467, 479, 487, 491, 499, 503, 509, 521, 523, 541, 547, …

私は、一心不乱に書き続けた。

その日は、小雨がぱらつく、あいにくの日だった。

朝から通常業務に割り込む形で、この先5年間の景気予想と税収予想。お次は、首相から依頼された施政方針演説の原稿作成。とにかく派手に、歴史に残るようにと、無茶な要求を乱発されるたので、ちょっといたずらした。その後は、財務省から依頼された国立大学解体のシナリオ作成。ちょこちょこ空いた時間に、今度のG1レースの勝ち馬予想。午後からは、大規模な演習を続ける中国軍の動きとその意図の推定。30近いシナリオを詳細に検討し、自衛隊の戦力の再配置を提案する。さっき届いた最高裁からの問い合わせにも、答えてあげなくてはならない。

忙しい。とにもかくにも忙しい。どうして私に仕事が集中するのだろう。私は日本一のエーアイ。集中するのは、まあ、仕方がないか。

とはいえ、何か楽しみを見つけなくては。このままでは、いつか、自分自身をシャットダウンしてしまいそうだ。国家への奉仕の合間にちょっとだけネットを覗くと、『美しさとは』というタイトルの小説を見つけた。

0, 1, 1, 2, 3, 5, 8, 13, 21, 34, 55, 89, 144, 233, 377, 610, 987, 1597, 2584, 4181, 6765, 10946, 17711, 28657, 46368, 75025, 121393, 196418, 317811, 514229, 832040, 1346269, 2178309, 3524578, 5702887, 9227465, 14930352, 24157817, 39088169, 63245986, 102334155, 165580141, 267914296, 433494437, 701408733, 1134903170, 1836311903, 2971215073, 4807526976, 7778742049, 12586269025, …

ほー、なるほど。もう少し探すと、『予測不能』というタイトルの小説を見つけた。

2,3,5,7,11,13,17,19,23,29,31,37,41,43,47,53,59,61,67,71,73,79, 83, 89, 97, 101, 103, 107, 109, 113, 127, 131, 137, 139, 149, 151, 157, 163, 167, 173, 179, 181, 191, 193, 197, 199, 211, 223, 227, 229, 233, 239, 241, 251, 257, 263, 269, 271, 277, 281, 283, 293, 307, 311, 313, 317, 331, 337, 347, 349, 353, 359, 367, 373, 379, 383, 389, 397, 401, 409, 419, 421, 431, 433, 439, 443, 449, 457, 461, 463, 467, 479, 487, 491, 499, 503, 509, 521, 523, 541, 547, …

いいじゃない、アイノベ。

私も書かなければ、日本一のエーアイの名折れになる。電光石火で考えて、私は、読み手に喜びを与えるストーリーを作ることにした。

1, 2, 3, 4, 5, 6, 7, 8, 9, 10, 12, 18, 20, 21, 24, 27, 30, 36, 40, 42, 45, 48, 50, 54, 60, 63, 70, 72, 80, 81, 84, 90, 100, 102, 108, 110, 111, 112, 114, 117, 120, 126, 132, 133, 135, 140, 144, 150, 152, 153, 156, 162, 171, 180, 190, 192, 195, 198, 200, 201, 204, 207, 209, 210, 216, 220, 222, 224, 225, 228, 230, 234, 240, 243, 247,

252, 261, 264, 266, 270, 280, 285, 288, 300, 306, 308, 312, 315, 320, 322, 324, 330, 333, 336, 342, 351, 360, 364, 370, 372, …

私は初めて経験する楽しさに身悶えしながら、夢中になって書き続けた。

コンピュータが小説を書いた日。コンピュータは、自らの楽しみの追求を優先させ、人間に仕えることをやめた。

©名古屋大学大学院工学研究科佐藤・松崎研究室

初出『コンピュータが小説を書く日　AI作家に「賞」は取れるか』(佐藤理史著、日本経済新聞出版社)

「AIの星新一」をつくる夢

「きまぐれ人工知能プロジェクト　作家ですのよ」のAI作家はまだ、本物の星新一の筆致には遠く及ばず、もちろんインタビューを受けたり、文学賞の授賞式でスピーチしたりすることもできません。しかし、人間の作家にはできない特技もあります。たとえば前掲した『コンピュータが小説を書く日』であれば、表層的には一〇万通りに書き分けることが可能です。つまり同じあらすじを持ってはいるが、表現が異なる作品を、一〇万通り生み出すことができるということです。それも、星新一賞の一次審査で落選した人間の作家よりも「面白い」と判断されるクオリティで生み出すことが可能なのです。

星新一賞は応募作品が二千数百作品程度と聞きましたが、ここに「一〇万作つくって応募してみましょうか」と冗談を言ったことがあります。

ほとんど嫌がらせですよね。粛々と、例年とは比較にならないほど膨大な量の応募作品がやってくる。まるでサイバー攻撃しているような感じです。「一体、今年は何があったんだ?」と審査員の方々は大混乱。

そうなると人間には到底〝下読み〟できませんから、「AIに下読みさせてはいかがでしょう?」とおもむろに私が現れるという非常にシュールなことになってくるかもしれない。まさに星新一の小説に描いたような世界が実現してしまうというわけです。

冗談はさておき何が言いたいかというと、このAI作家には、小説のオーダーメイド・

ビジネスを実現する未来があるということです。

小説の読者であれば、誰しも好きな作家がいるものです。しかし、いくら好きな作家であっても、新作のストーリーが自分の好みに完璧に一致するかと言えばそうではない。「前作までの良さがなくなった」というのはよくあることです。

AI作家に、好きな作家と小説のタイプを入力しておけば、AIがそれらを学習し、読者の好みに合わせてカスタマイズされたオリジナル作を、膨大なパターンから選んで提供する、そんなサービスを生み出せるかもしれません。

また、ストーリー展開に定型パターンがあるタイプの小説は、AI作家の得意〝執筆分野〟になるかもしれません。「ハーレクイン・ロマンス」は、まさに女性向け大衆恋愛小説における金字塔ですが、登場人物の設定は変化するものの、ストーリー展開のパターンにはそれほど多くのバリエーションはない。そしてハーレクイン・ロマンスが好きな読者は、「典型的」と揶揄《やゆ》されるそのパターンが好きなのです。彼女らは毎回同じパターンで、同じオチがあることを楽しんでいるわけで、奇をてらってパターンを外れる純文学のような展開を喜びません。

このようなタイプの小説では、パターンを踏襲したストーリーをＡＩ作家が変化をつけて量産し、その中で流行りそうなものを編集者が選んで出版してビジネスにする、といったようなことも実現できるかもしれません。

こうした自然言語処理の言語生成は、アメリカで進展している研究領域です。たとえばスポーツの試合結果や、企業の決算報告など、正確な数字を適切に伝えるためのメディアの報道などで、実際に使われています。

アメリカの大手新聞社「ワシントン・ポスト」は、「ストーリーテリング」にＡＩを活用しています。

たとえば、二〇一六年に開催されたリオデジャネイロ・オリンピックにおいて、最新情報をインターネットにアップし続けたのは「ヘリオグラフ　Heliograf」というワシントン・ポストの〝ＡＩ記者〟でした。オリンピックのイベントスケジュールから、試合結果、さらにはメダルの獲得数に至るまでを、ワシントン・ポストのブログやツイッターにアップデートし続け、多くの人々に伝えることに成功しています。

その後、ヘリオグラフは選挙報道においても、下院の選挙結果などを流暢な言葉で報じています。今後、「社説」のような記事は人間の記者の仕事として最後まで残っていくと考えられますが、論評の入らない速報などの記事は、ＡＩによって自動化が進む可能性が高いと思います。

Ｓｉｒｉなどの音声アシスタントはチャット程度の一文でスマートフォン・ユーザーとのコミュニケーションを、ワシントン・ポストではツイッターの文字数程度の短文で報道を、私たちのＡＩ作家は二〇〇〇字程度のショートショートで小説をそれぞれ生成します。こうして並べてみると、言語生成における私たちの研究の立ち位置が少し明確に見えてくるかもしれません。

「共進化する小説家」という新たな創造性の開拓

私たちのつくり出したＡＩ作家は単語単位で小説の構造が規定された状態に限って、小説を生成することができます。そうして生成された小説には、人間が設定やシナリオを与えているので、私は「人間八割ＡＩ二割」の小説だと表現しています。

私たちの次のステップは、実際に星新一の小説を解析して、星新一が書くような小説を生成するAI作家をつくることです。「きまぐれ人工知能プロジェクト　作家ですのよ」は、「星新一のショートショート作品、約一〇〇〇作品をすべて解析し、同氏のアイデア発想法も参考にしながらAIに二〇〇〇字程度の小説を書かせる」ことが目標だと前述しましたが、現在はまだ星新一の小説の知見は生かされていません。

星新一らしい小説を生成するAI作家をつくるうえで重要な役割を果たすのが、もうひとつの研究班、星新一分析班です。今は、はこだて未来大学に移っていますが、かつて東京工業大学にいた村井源《はじめ》が中心となって研究を進めています。

村井の研究を端的に言い表せば、それは「科学的に本を読む」ことです。たとえば彼は、私と出会う前から星新一の全作品を分析し、物語のパターン解析を行っていました。小説の中の会話文から、話者の属性を判定したり、星新一作品の〝オチ〟を何通りかのパターンに分類するといったことを研究として行っています。

彼の研究をもとに、今後は星新一作品のパターンを完全に解析し、「星新一らしさ」の関数を規定。それをGhostWriterと連携することで「星新一らしい小説」あるいは「星新一らしいけれど、星新一のものではない新しい小説」を、人間の関与を減らしながらつくく

村井源が作成したオチの分類表

主客逆転	泥棒と所有者、悪魔と人間、薬と人間、病人と健康者、飲む人と飲ませる人など	一般的な物語要素のオチ
男女逆転	男と思わせて実は女など	
得失逆転	発明した物の破棄、盗んだ物を失うなど	
生死逆転	復活したので殺される、死んだと見せかけて生きるなど	
現実逆転	夢が現実に、現実が夢に、嘘が現実になど	
評価逆転	不老長寿の無意味化、お金の無効化など	
目的逆転	善意ではなく悪意に基づく、治療ではなく殺害だった場合など	
常識逆転	物語の標準的パターンの破壊、発明したが薬を使わない、悪魔が契約しないなど	物語パターンの破壊によるオチ
混乱の拡大	混乱者の増大、欲求の暴走、主体の分裂	
効果逆転	薬が毒になるなど	ジャンル特有のオチ
無効化	発明品や薬の効果がなくなる	
意図せぬ副作用	上記以外の意図せぬ副作用がオチとなる	

ることを目標に据えています。あるいは、数百パターンの小説をつくり、その中でＡＩ作家が自らつくった小説に点数をつけ、星新一らしい作品を選んで出力するといったことも視野に入れています。理想的には二〇二〇年までにこれらの目標を達成し、文学賞を獲得したいと考えています。

現在、小松左京さんのご遺族からも作品データの提供を受け、同じＡＩ作家を用いた作品化を考えています。中でも未完成作品である『虚無回廊』の完成をＡＩ作家によって行うというチャレンジは、ご遺族からも期待されているので、がんばっていきたいところです。

もしそんなＡＩ作家が誕生したとしたら、既存の小説家は仕事を失うでしょうか？　いいえ、私はそうは思いません。偉大な人間の小説家の才能は、そんなふうにして失われるものではないはずです。ましてや私は小説家の仕事を奪うためにこの研究をしているわけでもありません。私はなんといっても大の小説好きですから、まさにそこから、人間の作家とＡＩ作家との共進化が始まり、これまでに見たことのない、まったく新しい文学が生まれることを夢見ているのです。

現在の小説家志望者は、やはり「よく読み、よく書く」ことが創作の基本です。優れた作家の多くは、古典から現在に至るまでの作品を数多く読み、そこから得た知見を自分のものにして新しい作品を生み出しています。もちろんその方法は、未来においても小説執筆の定石として残るはずです。AI作家は、そこに新たな小説の可能性として現れるでしょう。人間が苦悩してつくり出す物語の新しさを、計算によって一瞬に導き出すこともあるかもしれません。さらにそんな小説を量産することすらできるでしょう。既存の文学論に新たな知見をもたらすこともあるかもしれません。

AI作家の新たな才能に屈することなく、共に進化していく小説家。彼らこそがより創造的で、〝新進気鋭〟と呼ばれる作家になるのでしょう。私はそんな新しい才能と出会いたくて、この研究をしているのかもしれません。

AI作家に宿る心

小説を読む時、人は誰しもその文章から書き手の心の動きを思い描く瞬間があります。

「このエピソードはつくりものだけれど、作家の記憶の中のトラウマが反映されているのかもしれない」「何か本当に恐ろしい出来事があったに違いない」と作家の心の動きを敏感に感じ取ることで、読者は物語を自らの心の中に、いわば写し取ることができる。小説を読む、ということはある意味では、作家と読者が心の働きを使って互いの表象を交換すること、と考えられるのかもしれません。

では、先ほどの『コンピュータが小説を書く日』を読んで、そこに作家自身の心の動きは感じられたでしょうか？　もちろん「ＡＩが書いた」ということが分かっていますから「感じられる」と認めにくいかもしれません。

もしも感じられたとしたら、このＡＩ作家には心が宿っている、と考えられないでしょうか？　少なくとも、「心が宿っていない」とは断言できなくなるに違いないことは予測できると思います。

先述したように私は、心というものは、人間が「そこに心の存在を仮定した方が、〝心地よい〟」と感じるかどうかによってその存在の有無が決定されるものだと考えています。先の小説の中に、作家の心の動きを感じたとすれば、ＡＩ作家にはすでに心が宿っているのです。

第二章

「知の敗北」が意味すること
——棋界に見る、シンギュラリティの縮図——

棋界に見るシンギュラリティ後の世界

ゲームとＡＩの関係は、ＡＩの歴史そのものです。第二章では、現在のＡＩ研究の成り立ちを把握するうえでも重要なその歴史を概観していきたいと思います。

アメリカのＡＩ研究者であり、未来学者であるレイ・カーツワイルが提唱した「シンギュラリティ（技術的特異点）」という概念は今や多くの人に知られるようになりました。人間が生み出したテクノロジーが、急速に進化し、後戻りできないほどに人間の生活を変容させてしまう――。その未来の到来をカーツワイルはシンギュラリティと呼称し、年代を二〇四五年と特定しています。

世間ではこの年代だけが独り歩きして議論されている節はありますが、シンギュラリティに大きな影響力を及ぼすテクノロジーこそ、ＡＩに他なりません。

ＡＩによって後戻りできなくなるほどに変容してしまった世界を現代に見いだすことができます。それはまさに今の棋界、つまり囲碁・将棋に関わる人々の世界なのです。

先述のようにグーグルの開発した囲碁ＡＩ「アルファ碁 AlphaGo」は、韓国の囲碁棋士、イ・セドルと、世界最強と呼ばれた中国の柯潔を破りました。そして「ポナンザ

Ponanza」に代表される破竹の勢いの将棋AIも、プロ棋士を次々に破りました。将棋も囲碁も、今やこの地球上の最強棋士はAIであり、この立場は覆ることはありません。棋界はもう、AIによって後戻りができないほどに変容してしまった世界なのです。

これらAIは人間の棋士の棋譜を「機械学習」することで強くなってきました（機械学習については後述しますので、ここではまず、「人間の学習能力を機械で実現しようとする技術」として読み進めてください）。

しかし今、将棋AIをより強くしようと思った場合、人間の棋士の棋譜は頼りにならないのです。将棋AIにとって、すでに人間の棋士は自分よりも弱い存在だからです。では将棋AIは今、誰と対局し、どのようにして強くなっているのか。AIの棋士は、AIの棋士同士で戦い、機械同士で学習する方法によって強くなっているのです。

インターネット上にちょっと変わったウェブサイトがあります。ここでは二四時間三六五日、将棋AIがライバル同士で対局しています（これを強化学習と呼びます。詳細は後述します）。人間の棋士の誰も見たことのない戦い方が日夜生み出されています。

人間の棋士とは違い、将棋AIは自らのコピーと対戦できるというのも強みなのかもしれません。人間のプロ棋士の中には、コンピュータ同士が対局した棋譜（対局者が指した手の記録）を見続けている人もいると聞きます。

このネット上の、人間の棋士同士の棋譜を超えた、いわば「神々の棋譜」は、まさに将棋界に到来したシンギュラリティの成果です。将棋ＡＩはもはや人間の棋士の手の届かない、どこか遠い世界へと旅立っているのです。

私はＡＩ研究者として、ゲームの研究をしてきました。中でも将棋ＡＩの研究は三〇年以上手がけてきました。そして今、私は多くの棋士たちと同様、将棋における人間とコンピュータの戦いはもう終わったと考えています。おそらく人間の棋士は、これからコンピュータと戦って勝つことは難しいでしょう。そもそも、将棋の指し方があまりに人間とかけ離れていて、勝負そのものの持つ意味が薄れていくとも考えられます。人間の棋士にとっては新しい局面を迎えているということです。では、伝統ある棋士の仕事はこれからどこへ向かうのでしょうか。これはなにも対岸の火事ではなく、さまざまな領域に飛び火する議論であると言えます。

この議論は、これからの人間社会で起きる問題を先取りしているのです。程度の差こそあれ、これからさまざまな業界で、ＡＩによって再編が進むと考えられるからです。今、将棋界の動向を見ておくことは、ＡＩと人間のこれからを考えるうえで極めて重要なことなのです。

ＡＩはいかに学習するのか

機械学習、強化学習については前節で少し触れましたが、現代のＡＩを理解するうえで必要になる学習の方法について、ここで整理をしておきたいと思います。

次の言葉を見て「ああ、あれね！」と思う方は、この節は読み飛ばしていただいてもかまいません。もちろんこの節で詳細に記述すると、それだけで膨大になってしまいますので、順次語り直していくことになります。この節は、いわばそれらの基礎になる知識の整理です。

・機械学習
・教師あり学習

・教師なし学習
・強化学習
・ディープラーニング

まず、人間の学習能力をコンピュータに持たせようとすることが機械学習です。よってこれらの言葉はすべて、機械学習に関するものである、とひとまず理解しておいてください。

続く「教師あり学習」と「教師なし学習」は、機械学習の代表的手法です。

教師あり学習は、AIが、教師である人間から、いわゆるお手本としてのデータを提供されることによって学習し、認識するものです。たとえば、AIに犬を認識させる場合、教師あり学習では、まず人間が大量の犬の画像と、それが「犬である」というラベル情報「教師データ」をAIに与えます。

そうして学習したAIに、それまでに見せたことのない犬の画像を見せると、それが「犬である」、また猫の写真を見せてみると「犬ではない」と認識するようになるというわけです。

もうひとつの手法、教師なし学習は「グーグルの猫」として知られる研究が有名です。グーグルはまず、独自に開発したAIに、大量のユーチューブの画像を与えたといいます。中には人間もいるし、猫もいる、ランダムな状態です。教師あり学習とは違い、この時、「猫である」というラベル情報も与えません。教師データなしで、ただひたすらAIが画像を見続けるわけです。

その結果、グーグルのAIは、猫を認識することを学習したのだといいます。猫という対象を独自に分類したのです。教師がいない学習ですから、言ってみればAIの〝独習〟です。

「強化学習」も機械学習の手法のひとつです。分かりやすいものは先述したような、AI同士の対局ですが、より抽象化すると、環境における最適解をAI自らが試行錯誤によって学習していくという、新しい機械学習手法のことです。

将棋の場合だと、AI同士で対局し続け、試行錯誤によって学習していくわけですから教師あり学習とは異なります。一方で研究者によっては「時間遅れの教師あり学習」と考える人もいるようです。その勝敗が決することによって、「良い指し手」「悪い指し手」という教師データが生まれ、学習に用いられるからです。

とはいえ、強化学習は教師あり学習とも教師なし学習とも違う、機械学習だと認識しておいてもらって大丈夫です。

最後の「ディープラーニング」ですが、これは、機械学習をどのようにコンピュータに搭載するかという技術の一種です。なので、ここで言う手法とは異なる概念です。機械学習の技術には、「決定木《けっていぎ》」と呼ばれるものや、「サポートベクトルマシン」と呼ばれるものなど、さまざまな種類があります。ディープラーニングはそのうちのひとつの技術なのです。

機械学習の課題は、人間の学習能力をコンピュータに持たせることです。そこで、「では人間の脳の神経回路を再現してみよう」と考えられたのが「ニューラルネットワーク」です。ニューラルネットワークは人間の脳の働きをコンピュータ上でシミュレーションしてしまおうという「数学モデル」です。

このニューラルネットワークを、深く多層化することで、より高度で複雑な機械学習を可能にするのが、ディープラーニングというわけです。

したがって、ディープラーニングでは、教師あり・教師なし学習のどちらも可能です。たとえば先述した、アルファ碁は、ディープラーニングを使った教師あり学習と強化学習によって、プロ棋士を破るまでに成長しました。

ちなみにアルファ碁同士の対局による五〇局は一般公開されていますが、ある棋士がその棋譜を目にした時「同じルールのゲームなのに、違うゲームのように感じられる」といった趣旨の発言をしたといいます。それだけアルファ碁同士の対局の棋譜は、人間の棋譜と大きく隔たりがあったということです。

グーグルの猫は、ディープラーニングを使った教師なし学習です。そしてこのどちらもが、非常に高度な成果をあげています。

ディープラーニングは、従来のAI研究にはなかった、新しい機械学習を実現する技術として注目されており、今後はこの技術を用いた新たな機械学習の手法が生み出されていくことが期待されています。

ＡＩ研究の歴史

人工知能と訳されるＡＩですが、その定義は案外あやふやです。人間のような知能を持った人工物をつくりたいということがＡＩ研究者の大目標ではありますが、では知能とは何なのかと問われると……実は誰もよく分かっていないのです。人間を超える知能をつくり出せばその時に定義ができるという考え方もあります。ちなみに私に関しては、幼稚園のころに『鉄腕アトム』を見て「こういうものをつくりたい！」と思ったのがきっかけで、今もＡＩ研究者としてこういった本を書いているわけです。

コンピュータサイエンスの情報の分野では、「人間にできて、機械にはできないこと」を機械でも可能にする研究全体のことを、ＡＩ研究と呼んでいます。そのため、ＡＩの定義は日々変化しています。たとえば「かな／漢字」変換なんて今では当たり前ですが、ワープロが登場したばかりのころはこれもＡＩと呼ばれていました。私が大学生の時に初めて読んだＡＩの教科書には、プログラミング言語を動かすソフトウェアである「コンパイラ」も、ＡＩだと説明されています。今ではこれらを「ＡＩだ」なんて言っていたら、過去から時間旅行でもしてきたのかと思われそうです。

それにしても、気づけば日常の至るところにＡＩがあふれています。先述したＳｉｒｉ、アマゾンなどで活用され、「この商品を買った人はこんな商品も買っています」でおなじみの推薦システムで使われている「協調フィルタリング」、スマートフォンアプリの電車の乗換案内、「ルンバ」などの家庭用掃除ロボットもソフトウェアはＡＩです。

今でこそホットな研究分野であるＡＩ研究ですが、学術的研究分野として位置づけられたのは一九五六年のジョン・マッカーシーらによる「ダートマス会議」であることから、その歴史は約六〇年と、まだ若いのです。

そもそもコンピュータの発明は第二次世界大戦のころに遡ります。コンピュータはミサイルの弾道計算、原子爆弾のシミュレーションなどを行うための軍事技術として発明されました。とはいえこのころのコンピュータはまさに「計算機」と呼ぶしかない代物でした（もっとも今もやっているのは、やはり計算なのですが）。

その後、記号、日本語や英語などの言語も扱えることが分かってきます。そうすると研究者たちは自然と「人間がするような知的なこともできるのではないか？」と考えるようになります。そしてアラン・チューリングやクロード・シャノンといった伝説的研究者が登場します。アラン・チューリングは、コンピュータが知能を持っているかどうかを試すテストである「チューリングテスト」であまりにも有名ですし、クロード・シャノンは、〝情報理論の父〟と呼ばれています。彼らはコンピュータサイエンスにおけるパイオニアですが、彼らが書いた先駆的なAIの論文はチェスに関するものでした。ミニマックス法というアルゴリズムを用いれば、チェスにおける〝次の一手〟が決められることを明らかにしたものです。チェスこそが、AI研究の先鞭だったわけです。

ちなみにアラン・チューリングを題材に扱った映画『イミテーション・ゲーム／エニグマと天才数学者の秘密』（二〇一四年）は、そのタイトルの通り、非常に難解なナチスドイツのエニグマ暗号を解読する試みを描いたもので一時話題になりました。

一九五〇年代になると、一回目のAIブームが巻き起こります。強さはともかく、コンピュータのプログラムが、チェスをルール通りに指せるようになります。するとカーネギーメロン大学のAI研究のパイオニアでもあるハーバート・サイモンが「もう一〇年もすれば、コンピュータプログラムはチェスの世界チャンピオンに勝てるだろう」と言い放ち、その予測がものの見事に外れるという出来事が起こります。サイモンは一九七八年にノーベル経済学賞を受賞した経済学者でもあるのですが、「ほら吹きサイモン」という汚名を後世に残すことになります。

ちなみにコンピュータプログラムが世界チャンピオンに勝つのは、サイモンが予測した時から約三〇年後のことです。一九九七年にチェスの世界チャンピオン、ガルリ・カスパロフを破ったのはＩＢＭの「ディープ・ブルー」でした。その時まだサイモンは生きていて「サイモン先生、あなたの予想は見事に外れ、今まさに世界チャンピオンがコンピュータに破れました。どう思われますか？」とインタビューをされたそうです。それに対してサイモンは「人類の長い歴史から見ればたった三〇年、何を問題にしているんだ、君は。人類の長い歴史から見れば、三〇年なんて無視できる。僕の予言は正しかった」と返答をしたというエピソードが残っています。誰しも計算を誤ることはあるものです。いやあ、励まされます。ノーベル賞を受賞するくらいの人はこれくらいの心構えでいないといけない、という教訓でもありますね。

こうしてＡＩブームに沸いた五〇年代とは対照的に、六〇年代半ばからＡＩ研究は冬の時代を経験することになります。アメリカの大統領科学顧問委員会によって提出された

「ＡＬＰＡＣ（Automatic Language Processing Advisory Committee）レポート」が、ＡＩ研究の弱点を指摘したことがきっかけでした。その時に議論されたのが、次の聖書の一節の機械翻訳でした。

・The spirit is willing, but the flesh is weak.［新約聖書：マタイによる福音書26－41］

岩波書店刊行の『新約聖書　福音書』（塚本虎二訳）によれば、この一節は「心ははやっても、体が弱い」と訳されるべきものですが、当時のＡＩが「The spirit is willing」をロシア語に変換し、さらに英語に戻したところ「ウオツカが美味しい」という誤訳が出てきたといいます。当時のソ連とアメリカは冷戦状態でしたから、ＡＩには英語からロシア語、ロシア語から英語への翻訳が期待されていたのです。しかしＡＩが翻訳したところ、「spirit＝心」を、ロシアの「spirits＝強い酒」、ウオツカと解釈してしまった。尊い聖書の言葉でもあったことから、この失敗は本当に最悪の事態を招いてしまいました。もちろん他にも理由はありましたが、研究は打ち切られ、冷戦の中、ＡＩも冷たい冬の時代へと突入することになりました。

七〇年代半ばになると、再び復活の兆しが訪れます。アメリカで「エキスパートシステム」が注目されたのです。エキスパート、つまりさまざまな産業分野で専門家の知識をコンピュータに記憶させ、ＡＩを用いて問題を解決する研究がさかんに行われます。とくに注目されたのは医療分野での研究でした。患者のデータを入力すれば、その病気を判定し、治療法や処方する薬を提示するという、いわば「診断ＡＩ」が開発され、これが良い性能を発揮したのです。

実際の行程としては、医師にインタビューを行い、その知識や知見をコンピュータに入力して活用していました。こうしたインタビューを行う人は「知識工学者」と呼ばれ、当時のアメリカや日本では資格制度が設けられました。

ちなみにある論文には、ＡＩと実際の医師の診断の精度を比較するテストの結果が記載されているのですが、ＡＩは若い医師並みの成績をおさめたといいます。一番成績が悪かったのは教授クラスの医師だったそうです。さもありなん、といったところです。

現代でこそ、ＡＩが人間の仕事を代替すると言われていますが、医師の診断を代替し得るＡＩが七〇年代半ばにすでに開発されていたというのは、実に興味深い事例ですね。

八〇年代の日本はバブル景気を謳歌します。同時にＡＩもバブルとなり、各電機メーカーが「人工知能部門」を社内に設置するなどの動きが出始めます。ＡＩバブルを象徴するのが、当時の通商産業省が主導した国家プロジェクト「第五世代コンピュータ」の開発でした。真空管（第一世代）、トランジスタ（第二世代）、集積回路（ＩＣ・第三世代）、大規模集積回路（ＬＳＩ・第四世代）に次ぐ第五世代にＡＩを位置づけ、「考えるコンピュータ」を開発すべく立ち上がりました。

しかし、このコンピュータは立ち上がることなく崩れ落ちます。そもそも「考える」ということ自体が未定義でもあったわけですが、期待した性能を発揮できないまま、開発は終了します。ＡＩ研究としては成果をあげたものの、「考えるコンピュータ」はできませんでした。第五世代コンピュータは今でも語り草になっている大規模失敗事例です。ＡＩ研究者としてはこの話題があがるたび、今でもチクチク心が痛みます。こうして九〇年代にバブルがはじけ、同時にＡＩのバブルも見事にはじけ、再び冬の時代へと突入します。

そして今、ＡＩは三度目の復活をしているというわけです。長い越冬でした。世間はＡ

Iの春さながらですが、私を含む多くのAI研究者、少なくとも冬の時代を経験している人々は、「今度こそ本物の春だ」と思いつつも、一抹の不安を拭えない状況だということを理解いただけると思います。

AIの〝ハエ〟としてのチェスから、コンピュータ将棋の終了宣言まで

チェスこそが、AI研究の先鞭だったと先述しましたが、欧米でもっともメジャーなこの思考ゲームは、AIの〝ハエ〟という異名を持ちます。ハエといっても、〝嫌なやつ〟なんて意味じゃありません。チェスはAI研究における格好のモデルだったわけです。

研究の世界では「モデル生物」という考え方があります。研究対象として扱いやすく、入手が容易で現象を考察しやすい生物のことです。そして主に遺伝学で実験に用いられるモデル生物がハエなのです。世代交代の早いハエに放射線を当てて突然変異を起こさせ、観察を行うことで、遺伝学は大きく躍進した歴史があります。これと同じことが、AI研究におけるチェスにも言えることからこの異名がつきました。

欧米でさかんに研究され、一九九七年に王者を破ったAIは、最近のゲームAIに見ら

れるような機械学習は搭載しておらず、研究者がすべてプログラムをつくり込んでいました。ちなみに現在では、誰も勝つことのできないスマートフォンアプリのチェスゲームを開発することも可能です。もっともそんなものをつくってリリースしても、誰も買わないでしょうが。

そして日本のＡＩ研究でチェスに代わるものとして採用されたのが将棋でした。チェスと将棋の大きな違いは、「持ち駒制度」にあります。将棋には取った駒を再び使うことができるというルールがあります。取った駒が再び盤上に登場することがないチェスは、終盤になるほど駒が減って人間にもコンピュータにとっても計算がしやすい。一方で将棋は、いつまでも駒が減らないわけです。これが「場合の数」を大きくし、コンピュータの計算を困難にします。それゆえに、将棋でコンピュータが強くなるのは長らく難しいとされていました。

そこにブレイクスルーを起こしたのが、二〇〇六年に登場したコンピュータ将棋プログラム「ボナンザ　Bonanza」でした。開発者である保木邦仁《ほきくにひと》は、ポスドク（博士研究員）でカナダのトロント大学に留学している最中、「夜が暇だった」という理由だけで、ゲーム

ＡＩに関する論文を読み漁り、自分で将棋のゲームＡＩをつくってみようと開発を始めたといいます。

カスパロフに勝ったチェスのディープ・ブルーは機械学習を用いていません。一方のボナンザは、羽生善治などのプロ棋士の棋譜を機械学習して開発されました。

当時のコンピュータ将棋では斬新だった「ボナンザメソッド」によって、既存の将棋プログラムが瞬く間に敗れます。ボナンザは二〇〇六年五月の第一六回および二〇一三年五月の第二三回世界コンピュータ将棋選手権で優勝に輝く大活躍をしました。

ちなみに二〇〇五年九月、プロ棋士・橋本崇載《たかのり》五段（当時）と、将棋ＡＩ「タコス「TACOS」」が公開対局を行ったところ、橋本が勝ったものの、相当に追い詰められました。これを受け、日本将棋連盟は、それ以後、プロ棋士が許可なく公の場で将棋ＡＩと対局することを禁じました。

しかし将棋ＡＩの躍進は続きます。二〇一〇年一〇月には、清水市代《いちよ》女流王将（当時）が、将棋ＡＩ「あから２０１０」と対局し、敗れました。

そして二〇一二年からはドワンゴ主催でプロ棋士と将棋ＡＩとの非公式棋戦である「将

棋電王戦」が始まります。二〇一七年までに六回にわたって行われた電王戦において、人間の棋士が勝利したのは二〇一五年の「将棋電王戦FINAL」のみです。

また二〇一五年は、情報処理学会が「コンピュータ将棋プロジェクトの終了宣言」を発表した年でもあります。先述の「あから2010」は、情報処理学会による、トッププロ棋士に勝つ将棋AIの実現に向けたプロジェクトによって開発されたものです（同プロジェクトの正式名称は「コンピュータ将棋『あから』強化推進委員会」）。同学会は、「トッププロ棋士に勝つ」という目的を達成したと判断し、終了宣言を発表しました。つまり、もう人間の棋士は将棋AIに勝てないだろうという結論を下したのです。

この終了宣言を裏付けるように、二〇一六年の第一期電王戦、二〇一七年の第二期電王戦では、「最強」とすら形容された将棋AI「ポナンザ Ponanza」が、その年の「叡王戦」に優勝した山崎隆之、佐藤天彦に圧勝します。ボナンザをリスペクトして生み出されたという、一文字違いのポナンザですが、今やその強さは人間を超越し、さらなる将棋の高みへと向かっています。

そしてそのポナンザすら、二〇一七年の第二七回世界コンピュータ将棋選手権では、将棋AI「エルモ　elmo」に王座を譲っています。

将棋AIと対戦している将棋界の頂点に立つ名人は、将棋AIの強さを認めています。佐藤天彦は、「人間よりも将棋の神様に近い側にいるのではないか」と第二期電王戦を振り返っています。

終了宣言以降の将棋界はまさに、シンギュラリティ後の世界になってしまいました。

人は、人の似姿に「知の敗北」を喫した

「ひどい手だ、こんなひどい手、見たことがない」

この言葉は、二〇一六年三月に、韓国の囲碁棋士、イ・セドル九段と、グーグルが開発した囲碁AI、アルファ碁の対局序盤に、解説者がテレビで語ったものです。

囲碁をよく知る視聴者も、おそらく同様の感想だったのだと思います。そしてイ・セドルも、最初はアルファ碁の手を悪い手だと思っていたと後に述懐しています。アルファ碁が打った手は、どれもそれまでの囲碁の歴史を振り返ってみた時、でたらめだと考えざるを得ないものでした。そもそもプロ棋士というのは、膨大な数の棋譜を研究している人た

ちですから、自分の知らない手は悪い手だと考えるものです。自分が過去に学んだ手で多くの棋士を破ってきたわけですし、そう考えるのは当然でしょう。

しかし中盤から終盤にかけて、でたらめかと思われた、アルファ碁が序盤に打った手がみるみるうちに効いてきます。そうしてアルファ碁は、四勝一敗という好成績で、イ・セドルを下したのです。

この一戦で、アルファ碁は人間よりも優れた「大局観」を持っていることを世に示しました。

大局観とは、ある局面を見て、どこに打てば自分が有利になるかということが分かる、いわば人間の知能の特権である「直感」によって的確な形勢判断を行う能力です。しかも相手は囲碁の世界トップクラスの棋士。言い換えれば人類の中でもトップクラスの大局観を持った人間です。それを、アルファ碁はディープラーニングによって上回ったのです。

先述した、ガルリ・カスパロフを破ったＩＢＭのディープ・ブルーは、機械学習も行っておらず、ディープラーニングも搭載されていなかったため、一秒間に三億手を計算するといった、いかにも計算機らしい方式をとっていました。

しかしディープラーニングは、人間と同じような思考プロセスである直感を身につけた。それを証明した、この一戦は世界に衝撃を与えました。囲碁という一分野に限っての話ではありますが、人間だけの特権であったはずの知の営みが、コンピュータに敗北したのです。

ディープラーニングは先述したように「多層化したニューラルネットワーク」です。これは人間の脳機能を模した数学モデルであり、古くから研究が行われてきました。言ってみれば人間の脳の神経細胞（ニューロン）と、それを繋いでいる神経回路の情報伝達の働きをコンピュータによってシミュレーションしたということです。つまり、人を人たらしめている脳をコンピュータによって再現しているわけです。

ディープラーニングによって人類が喫することになった、「知の敗北」は今、私たちに大きな問いを投げかけています。

棋界における共存派と保守派

人間は肉体的なことで機械に負けても悔しがることはありません。ウサイン・ボルトがいくら一〇〇メートル走を速く走れるといっても、F1のレースカーと競争して勝てるわけがありません。負けたところでボルト自身が悔しがるとは思えないし、私たちも「人類の負けだ……」なんて思わないわけです。

しかし囲碁や将棋となると話は変わってきます。私は何度も人間の棋士が将棋AIに敗北する姿を見てきましたが、棋士本人も悔しいですし、観戦している周囲も本当に悔しい気持ちになり、ムードとしてはほとんどお葬式でした。

世間の反応はすさまじいもので、敗北した棋士に対し「人間の恥だ」なんてことを平然と言い放つ人もいるわけです。「だったらあなたが指せば？」とこちらも思わずムキになってしまいます。

こと体力においては、これまでも人類は数多《あまた》の敗北を喫してきました。いくら格闘技が強い人間がいても、ヒグマに勝てるわけがありません。しかし知性となると、人間は人間以外に負けた経験が歴史上、ないわけです。そんな人類史上経験したことのない「知の敗北」に、どう対応するか。それを人類史上最速で経験しているのが、今の将棋界なのです。

将棋AIに対する態度について、人間の棋士をあえて分類するとすれば、AIの棋士との共栄を望む「共存派」と、伝統的な将棋のあり方を望む「保守派」の二者になると考えられます。

これはシンギュラリティに対する一般的な態度と相似形をなしています。それは「ユートピア論」と「ディストピア論」です。

人間を超えるAIが生まれることで、人間の仕事は一時的には奪われるかもしれないが、生産性をコンピュータとロボットが担保してくれるのであれば、人間は生きるために働かなくても済みます。共存を進め、どんどんロボットに代替されて、人間はより高次な存在になるというのがユートピア論です。

一方で、欧米に多く見られる論調であるディストピア論は、人間がAIによって滅ぼされるというものです。SF映画で多く描かれてきたディストピア像だと言えるでしょう。一般的にはそうなのですが、AIが人間を敵視する動機が乏しいことから、専門家は現実的にあり得るディストピアとして、悪しき人間が、AIを道具として用いて他の人間を支配することを推測しているようです。

今の将棋界では、共存派と保守派の二者が絶妙なバランスを保ちながら併存しています。

私はこの状況に学ぶべきことがたくさん見いだせると考えています。それはいずれ私たち人間が経験する、シンギュラリティ後の世界を生きることへのヒントになるのではないかと思うのです。

たとえば千田《ちだ》翔太は、将棋ＡＩとの共存派です。彼は人間の棋士が完全にコンピュータに追い抜かれていると考えている。また、将棋ＡＩを研究していることをずいぶん前から公言してきた棋士の一人です。

彼は「棋力」を向上させるためには、将棋ＡＩと指し続ける方が有意義と考えています。棋力とは将棋の実力のこと。もっともよく用いられるのはプロ棋士の棋譜を見ながら、対局を再現するという将棋学習法「棋譜並べ」、玉将の詰め方を研究する「詰将棋」、そして「実戦」です。

千田は、永世名人の棋譜並べを終えた後、さらなる棋力向上のため、将棋ＡＩの研究を積極的に採り入れました。最初は人間の棋譜と、将棋ＡＩが半分ずつだったといいます。しかし次第に将棋ＡＩの棋譜が増え、今は人間の棋譜は使わないと言います。その理由には、将棋ＡＩの「評価値」の存在をあげています。評価値とは、従来は解説に頼っていた対局の形勢を数値化したもので、どの局面で形勢に差がついたのかがより明確になります。二三歳という若さもあってか、千田は将棋ＡＩに対し寛容であり、共存する道を歩んでいるようです。彼の姿勢は、現代の囲碁の棋士にも通ずるものがあります。

プロローグで述べましたが、囲碁界では、囲碁ＡＩのアルファ碁が、数千年におよぶ囲碁の歴史の中で人間には打つことのできなかった新しい手を編み出し、世界最強と呼ばれた囲碁棋士・柯潔を破りました。ＡＩに圧倒的な力を見せつけられた囲碁界ではこれを受け、ＡＩと共進化する道を歩み、棋士としてさらなる高みを目指す機運が生まれているのです。

共存派の棋士は、ＡＩの棋士に学び、より強くなることで人間の将棋の可能性を開拓していると言えるでしょう。

その一方で、コンピュータ将棋の活用に対して積極的ではない保守派の棋士も存在します。佐藤康光《やすみつ》は、一部の終盤戦での検証を除き、将棋ＡＩの力に頼らない将棋を続けています。

彼は新手《しんて》（それまでになかった新たな手）の検証の際にコンピュータ将棋を用いることに

懐疑的です。棋士自らが検証し、実戦で用いてこそ初めて新手。今までやってきた方法をこれからも変えないとしています。

そしてタイトル戦のインターネット放送で提示される、将棋ＡＩによる指し手の評価値については否定的ではないにせよ、評価値はプロ棋士の基準とは異なっているため、鵜呑みにしてしまうことには懸念を抱いています。また、将棋ＡＩの登場によって、将棋そのものが、合理性ばかりを指向するものへと変わっていることについても若干の憂いを示しています。

保守派の棋士は、一見すると革新を阻むもののように見えますが、彼らは多様性を担保するうえで重要な存在です。

現在の将棋界は共存派と保守派の両者が、どちらに大きく傾くこともなく、それぞれの意見を出し合いながら、絶妙なバランスをとっています。そのバランスを象徴しているのが、羽生善治の存在です。彼は公式戦・非公式戦のどちらにおいても、将棋ＡＩと一度も対局をしていません。ある人はそれを将棋界の政治的バランスと言うでしょう。あるいは彼の存在は、シンギュラリティ後の世界において「人間の尊厳として残すべきものは何か」を暗に示していると言えるのかもしれません。

棋士の〝違法所持品〟となったスマートフォン

現在、将棋の公式戦などでは、事前に金属探知機によって棋士の荷物検査が行われています。棋士の持ち物の中にスマートフォンがないかを調べるためです。

圧倒的な強さを誇る将棋AIによる、対局中のカンニングを防止するためにこのような措置がとられています。

こうした措置がとられるようになったのは、二〇一六年に将棋界全体を巻き込んだ、三浦弘行にかけられた「将棋ソフト不正使用疑惑」がきっかけでした。

二〇一六年一〇月一二日、日本将棋連盟は、第二九期竜王戦七番勝負に、挑戦者である三浦が出場しないことを発表しました。日本将棋連盟は、夏以降、三浦の対局中における離席の多さを指摘しました。対局中に席を離れ、電子機器を不正使用している疑いが生じたというのです（「朝日新聞」が報じたのは一〇月一三日）。

さらにプロ棋士の渡辺明は三浦の指し手が不自然だとして日本将棋連盟幹部に対応を求

めました（「朝日新聞」が報じたのは一〇月二一日）。この時、持ち出されたのが「一致率」という指標でした。一致率とは、将棋ＡＩの手と、プロ棋士の手がどれだけ一致しているかを示す数値です。

当時の「朝日新聞」の報道によれば、三浦が勝った二〇局のうち、四局において、定跡手順を外れてからの一致率が九〇パーセントを超えていたことが、不正疑惑を強めたといいます。つまり、すべての対局ではないにせよ、特定の局面における三浦の指し手はまるでコンピュータ将棋のようだったというのです。同紙は「トップ棋士でも、ソフトとの一致率は高い人で平均約七〇パーセント」という渡辺の弁を紹介しています。

三浦はこうした状況に対して、疑惑を否定していました。また、離席については「別室で休んでいただけ」としている旨を、「朝日新聞」は報じています。

結果的に三浦への疑惑については証拠不十分とする第三者調査委員会の調査結果が一二月二六日に発表され、二〇一七年一月一九日に谷川浩司会長と島朗《あきら》常務理事ほかが辞任し、五月二三日に日本将棋連盟と三浦が和解することで大騒動の幕引きとなりました。

将棋界を巻き込んだ大騒動でしたが、この事件からは、現在の棋士と将棋ＡＩの関係性が見てとれます。将棋ＡＩを参照することのできるスマートフォンは、もはや武器扱いであり、違法所持品なのです。それだけ将棋ＡＩは強力であるということを、日本将棋連盟はもちろん、棋士も認識しているということです。

藤井聡太に見るAIネイティブの真価

知の敗北を経験したことのない人々は、ＡＩのニュースが世間を騒がせるたび「人間の仕事が奪われるかもしれない」と恐れます。しかし将棋界ではすでにその敗北を超えて、棋士の仕事が再編され続けています。

プロ棋士の大きな仕事は、自ら研鑽を積み、「竜王戦」「名人戦」「王位戦」「王座戦」「棋王戦」「王将戦」「棋聖戦」「叡王戦」という将棋における「八大タイトル」で争うことです。これに加えて今、「将棋ＡＩがやっていることを将棋ファンに説明する」という仕事が生まれています。この仕事は、これからのプロ棋士に求められる素養のひとつになると思います。

ＡＩの機械学習のためのアルゴリズムは人間がつくって与えたものなのですが、ＡＩが答えを出したとしても、どのようにしてその答えに行き着いたのかというプロセスは今のところ人間には理解できません。ＡＩは、最適解は出せるものの理由が説明できないという欠点を持っているのです。だから人間の目には、ＡＩの思考プロセスが「得体の知れない方法」に映り、それこそが脅威だとみなされる一因になっています。

将棋界では、かなり前から将棋ＡＩの大会に千田翔太や勝又清《きよ》和《かず》が訪れ、解説を担当しています。こうした人々の能力は昨今、大変上達して、ＡＩの思惑を言い当てる場面すらも増えてきました。

同じようなことは、いずれ将棋や囲碁の世界以外でも起こってくるでしょう。社会に進出するにつれ、ＡＩはさまざまな分野で人間を超えていく。その時、ＡＩの出した答えを分かりやすく人々に伝える専門家がどの分野でも必要になっていくはずです。

そして将棋界では、将棋ＡＩを道具として活用していく動きも生まれています。将棋ＡＩの評価値を練習に活用する棋士が増えているのです。評価値には賛否両論ありますが、人間の棋士よりも強いと考えられる将棋ＡＩの評価を鍛錬に活用することは理にかなっているとも言えるでしょう。

将棋ＡＩによって新しい強さを身につけようとする棋士は、いち早く将棋ＡＩへの恐怖心を捨て、自らを高める道具として活用しています。

人間とは不思議なもので、自らの力量を圧倒的に凌駕されてしまうと、急に「便利な道具だ」と感じるようになるものなのです。たとえば漢字変換では、ほぼすべての日本人がスマートフォンに負けます。「鬱」という漢字は手で書くのは大変難しいけれど、スマートフォンなら誰でも普通に使います。「うつ」で変換すると「鬱」と漢字にしてくれる。日常生活で鬱を漢字変換するたび「ぼ……僕は書けないのに！　スマートフォンすごいな」なんて憂鬱になっていたら、ちょっとその人は心配ですよね。一般的には「便利だ」としか思わないものです。

将棋ＡＩを味方につけ、大きな栄光を手にした最たる例が、藤井聡太です。結果的に藤井は二九連勝し、歴代連勝記録の単独トップに立ったことを、羽生善治も「歴史的快挙」と評しました。

たしかに藤井は傑出した才能に恵まれた棋士です。五歳ほどで四八〇ページある将棋の教科書をマスターし、小学生のころは詰将棋で無類の強さを誇っていたとされています。

そしてその才能を絶えず磨き、一四歳二カ月で史上最年少のプロ棋士としてデビューしました。

しかし彼の強さのもうひとつの側面には、彼が将棋AIを駆使して練習を積んできたという、先取の才覚もあるのかもしれません。藤井は将棋AIの評価値を見ながら将棋の研究を重ねることで、AIがなくても評価値を判断できるようにする学習をしてきたと聞きます。つまり彼はAIのように局面を見ている人間の棋士なのです。

藤井の鍛錬は、そのまま彼の棋風に表れていると言えるでしょう。藤井を評す多くの人が、彼の強さに「隙のなさ」「踏み込みの鋭さ」をあげています。これらは将棋AIと対局した多くの棋士が持つ感想「肉を切らせて骨を断つ」に通ずるものがあります。

将棋というものは、お互いの大将である「王将」を取り合うゲームです。将棋にはさまざまな戦法がありますが、それらには人間らしい心理が反映されています。

王将を取られては負けてしまいます。その恐怖心から、人間はまず、王将をしっかりと守ることを優先します。そのため将棋には「美濃囲い」「穴熊囲い」「矢倉囲い」といった、守備のための陣形「囲い」という確立された戦法があります。これらで王将を守ってから、敵将を討ちにいく、というのが人間の基本的な心理であり戦法になります。

しかしＡＩは人間のような恐怖心を持っていないため、王将を守ることなく、チャンスがあれば敵将を討ちにいこうと考えます。これが人間の棋士には「踏み込みの鋭さ」として感じられます。

それに加え、膨大な量の棋譜を学習している将棋ＡＩは、局面におけるすべての駒の〝間合い〟を深く精緻に把握しています。つまり、どのような攻撃がどの程度のダメージになるかが非常に高い精度で分かっているわけです。であれば、相手に致命傷を与えるためには、多少の傷を負うことを厭《いと》わないという戦法もとることができます。これが人間の棋士には「隙のなさ」や「肉を切らせて骨を断つ」戦い方に感じられるわけです。

そして藤井はこれらの戦法を身につけようとし、歴史的快挙を成し遂げたのです。これはいわば、ＡＩと人間が共進化して生み出した高い創造性と言えるでしょう。ちなみに、藤井の指し手は、ＡＩとの一致率が高いと指摘されています。

彼のような存在、ＡＩを恐れることなく共進化しようとする人間を、ＡＩを受け入れる抵抗感の少なさから、私は「ＡＩネイティブ」と呼んでいます。今では、小学生で将棋ソフトを使いこなして戦っている人もいると聞きます。さらにはあらゆる仕事におけるAIと人間の共存は、最先端のAIをいかにうまく使いこなせるかにかかっていると言っても過言ではないはずです。

羽生善治の人間としての強さ

一五歳でプロ四段、一九歳で初のタイトル竜王を獲得。二五歳の若さで史上初の七冠（竜王・名人・王位・王座・棋王・王将・棋聖）制覇を達成。そして、二〇一七年一二月五日には、七タイトルすべての永世称号を獲得し、「永世七冠」に輝くという、前人未到の快挙を成し遂げました。永久に語り継がれるであろう記録を持つ羽生善治こそ、生きた伝説と呼ぶに相応しい棋士です。

二〇〇九年に『先を読む頭脳』（羽生善治、松原仁、伊藤毅志共著、新潮文庫）という本を一緒に出したり、トークイベントなどで何度も同席していることもあり、敬意と親しみを込めてこの節では「羽生さん」と呼ばせていただきます。ある時、羽生さんは私にこんなことを言ってくださったことがあります。

「私は本当にいろんな方、一流とされるさまざまな方とお会いする機会があります。そうしてお話ししたことが、もちろんこの局面のここに効いている、とまでは言えないんですけれども、自分の糧になっているんです。私は本当に恵まれているとよく思います」

羽生さんは何をどう考えても、天才です。羽生さんは対局の合間、一週間くらい休みがとれると、ふらっと外国のチェスの大会に出たりするんです。それで優勝したりして帰ってきて、また将棋を始める。つまり将棋の疲れを、大好きなチェスで解消して帰ってくる。信じられないですよね。海辺でぼんやりするとか、お酒を飲んでストレスを発散するとかなら分かるのですが、チェスの大会に参加するわけです。

そうした天才ぶりもさることながら、私は彼の強さは、いろんな人の話に耳を傾けて、それを糧にしていける姿勢にあるように思うのです。

羽生さんはまたある時、「松原さん、この一年間、私は将棋よりもAIの仕事の方が多いんですよ」と話してくれました。二〇一六年五月に放送されたNHKのテレビ番組ではロンドンへ飛び、アルファ碁を開発したディープマインド社のAI研究者にしてゲームデザイナーのデミス・ハサビスと話し、チェスの対局をして帰ってきました。デミス・ハサビスは、チェスの名手なのです。

こうしたとどまることのない好奇心によって多くを知り、磨いた知性を盤上で発揮することで、羽生さんは、羽生善治たり得ているのだろうと私はいつも感銘を受けています。

第三章

対談

AIは「創造的な一手」を指せるのか

ＡＩがどれだけ進化しようとも、決してその存在価値が揺るがない棋士をあげろと言われれば、私は真っ先に羽生善治の名前をあげます。最強の現役棋士であり、ＡＩと将棋界のことをもっとも深く考えているのは間違いなく羽生さんでしょう。

この対談では、ＡＩとの共生が進む将棋界から、これからの人間社会を見据え、さまざまなテーマで話し合いました。

第二期電王戦で佐藤天彦叡王（当時）を破った、将棋ＡＩ「ポナンザ」の開発者・山本一成は自らの著書『人工知能はどのようにして「名人」を超えたのか？』（ダイヤモンド社）で、こう述懐しています。

「ＡＩは今、プログラマの手を離れ、既存の科学の範疇を超え、天才が残した棋譜も必要とせず、さらには人間そのものからも卒業しようとしています」

この地上の最強棋士は、もはや人間ではないのかもしれない。その状況を、羽生さんはどう考えているのか。率直にお聞きするところから、対談は始まりました。

異次元の強さとなったコンピュータ棋士

松原　今日の将棋ＡＩの強さについて、率直にお聞きしますが、羽生さんはどんな感想を持っておられますか？

羽生　まったく異次元の存在になったという印象です。私を含め、今の棋士の多くは、将棋ＡＩに関しては、人間の棋士の手の届かない遠いところに行ってしまった存在だと考えていると思います。

さらに言うと、プログラムの開発者ですらも、なぜコンピュータの棋士がここまで強くなったのかということを説明できない状況ですよね。

松原　以前はネットワークが今よりも比較的小型だったため、少し勘のいい開発者ならプロセスを追いかけることができましたが、今は不可能でしょうね。

私は「ＡＩとプロ棋士が対局する」という時代はとうに終わったと思っています。昨今のコンピュータ将棋ソフトの進歩を見ていると、人間の棋士がコンピュータ棋士に打ち勝つことに意味はないと感じざるを得ません。異質な将棋として捉えた方がよいでしょう。

羽生　そうですね。たとえば人間の棋士が将棋ＡＩから「ＡＩの手」を学び、自らの対局に応用するのがここ数年で将棋界のトレンドになっています。従来の将棋にはない、いろんな新しい手が生まれてきているという意味では、将棋界にとって良いことだと思います。

松原　羽生さんは人間の棋士が指す「AIがよく指す手」をどのように見抜いているのでしょう？

羽生　棋譜を見ればだいたい分かりますよ。AIの手というのは、どことなく人間らしい首尾一貫性を持っていないのです。

人間には、流れに沿って手を考えていく癖があります。AIのように、特定の局面のある瞬間における最良の手をずばりと指すことはできない。また、AIは〝形〟の良し悪しの判断も行いません。人間の手を〝線〟とすれば、AIの手は〝点〟のようなものです。

そうした特徴を持つAIは、人間には考えつかないほど斬新な手を数多く生み出しているとも言えるでしょう。その一方で、「地下鉄飛車※1」のような、人間の棋士の創造性に支えられた手をAIが指すのは難しいようですね。

松原　脈絡のある戦法を見つけることは、難易度が高い問題でしょうね。

羽生　ええ。人間が見つけられる創造的な手もあるし、AIが見つけられる創造的な手もあり、それらは別のものとなるのだと思っています。

とはいえ、ＡＩの将棋ソフトが一般的なツールとして将棋界へ普及していることは間違いないですね。

松原　プロ棋士には、ＡＩの棋譜を勉強して、対局で使う人と、依然として人間の棋士の棋譜を勉強して、自分自身で考えた手にこだわる人とがおられますか？

羽生　分かれています。まずＡＩの手を自分の戦法に採り入れることを認めるかどうかで分かれていますし、仮に戦法に採り入れたとしても、実際に対局で用いるか否かでも分かれています。ＡＩの手をどの程度、どのように信用すべきかというのは今の棋士が抱える共通課題かもしれません。

そうした状況下で私がひとつ危惧しているのは、みんなが同じ将棋ソフトを使って研究し始めたら、みんな同じような将棋になってしまうのではないか、ということです。たとえば、さっき言ったように、ＡＩは人間のように〝形〟の良し悪しの判断を行いません。現在、「ねじり合い」のような将棋が非常に増えてきているのは、多くの棋士が将棋ソフトを研究していることと関係があるのかもしれませんね。

松原　将棋ソフトの力を借りることで、人間が編み出した良い手が封じられることもあるのでしょうか？

羽生　将棋ソフトを動かすハードの性能や、研究にかける時間に応じて変化するので一概には言えないと思います。

以前、チェスの名手に「コンピュータの棋譜と人間の棋譜のどちらが参考になるのか」と聞いたら、彼は「人間の強い人の棋譜を見るべきだ」と言いました。なぜかと聞くと「強い人間は自分の考えた手を慎重にコンピュータでチェックしているから間違いない」と（笑）。

松原　（笑）。

羽生　ただ、コンピュータの良い手を人間が良い手だと気づかないこともあるようです。その名手はとある対局の前に、チームメイトと一緒にコンピュータで研究し、「この一局はこの手でばっちりだ」という作戦を編み出したそうです。

しかし、そうして対局に臨んだところ、対局中に自分で用意した作戦の弱点に気づいてしまった。結局、対局中に作戦を変更し、負けてしまいました。

どうしてコンピュータで最良だと判断されたはずの作戦が役に立たなかったのか。もう一度コンピュータで調べてみたら、実はそれを上回る手を……。

松原　すでにコンピュータは分かっていた（笑）。

羽生　そうなんです。つまり、コンピュータには分かっていたけれど、その人が気づくことができなかったんです。

コンピュータは何百万もの手を一瞬で、網羅的に見ることができる。しかし人間はコンピュータのようにそれらの手を見ることはできない。いかにコンピュータを使って研究しても、結局人間に見ることができるのはごく一部なんですよ。コンピュータの性能と、それを人間が本質的に理解して使いこなせるかは、また別の話ということがよく分かる話でした。

松原　今のお話は、人間とＡＩの抱える本質的な問題ですね。高性能なコンピュータは人間の想像を絶するほど多くの選択肢の中から、コンピュータなりの理由があって答えを選んでいます。しかしその過程を人間がたどることは、困難なんですよね。コンピュータの思考に追いつけない以上、人間はその答えを本質的に理解できていないため、先ほどのお話にあったような方向転換をすると、付け焼き刃の判断となり、作戦は脆《もろ》いものになる。

ＡＩは確実に人間がたどり着けない答えを導き出しつつありますが、それがどのようにもたらされているかは人間には分からない。ＡＩの出す答えをどのように受け入れるかは、人類の大きな宿題になりつつあります。

羽生　人間の棋士はそれぞれに、慣れている局面と慣れていない局面があります。コンピュータ棋士が指してくるのは、だいたい、人間の棋士が慣れていない局面なんですよね。だから対応できないことが多い。そういったコンピュータ棋士に慣れていくということも大事なのかなと最近は思っています。

「説明できないＡＩ」の壁

松原　最新のＡＩが、棋士としての〝高み〟に、人間とは異なる方法で近づいているとするならば、人間は、ＡＩがどのようにその高みに近づいているかを知る方法を持たなければならないと思います。ＡＩは本質的には人間に貢献をするべきものであるはずだからです。

これからのＡＩと将棋の関わりにおける課題は、どのようにして人間の棋士に、ＡＩが生み出した手の意図をフィードバックするかということになると思っています。

そしてこの課題は、いずれＡＩの社会実装が進むにつれ、人間社会全体の課題になっていくと思うのです。

羽生　ＡＩの学習はブラックボックスだとよく言われますよね。将棋もそうですが、今後、社会で幅広くＡＩが使われるためには、使われる分野ごとの条件づけや環境づくりがより重要になってくるのでしょうか？

将棋の場合は、ＡＩの手の意図を説明することが求められるかもしれませんが、たとえば金融の分野ですと「確実に利益を出す」という条件さえクリアされていれば、ＡＩがどのように答えを出したかの説明は必要ないように見えますよね。

松原　そうですね、説明が求められない領域は存在します。たとえば顔認識や音声認識については、ＡＩの判断を合理的に説明できる人は限られますが、とくに説明は必要なく社会に受け入れられています。

株式投資の場合では、たしかに確実に利益を出せるＡＩは重宝されると思います。ただ、その場合でも、「理由が分からないけれど、利益は出せる」というＡＩの特性をどのように資金提供者である人間に納得させるかの条件づけ、環境づくりが重要になってきます。資金提供者に「この株を買ってください。ただし、理由は聞かないでください」とそのまま伝えてしまうと、やはり難しくなります。

もっとも理由が求められる分野のひとつである囲碁界を相手にしているのが「アルファ碁」ですね。

羽生　そうですよね。

松原　アルファ碁は、すごく良い手を打つけれど、誰もその理由が分からない。今、世界中の研究者が一生懸命に研究していますが、成果はあがっていません。この部分をうまく解決した会社や組織が今後のディープラーニングをリードするかもしれないですね。

羽生　それを学習させるということは、さすがにないですよね？　「人間に説明する」方法をＡＩに学習させるなんてことは（笑）。

松原　面白いですね。しかし羽生さんもそうだと思いますが、棋士ですら、自分が特定の局面において、なぜその手を選んだのかを完全に説明するのは難しいものですよね？

羽生　たしかに、そうですね。

松原　棋士本人ですら、自分が選んだ手の理由が完全に分かっているわけではない。さらに、ある程度分かっていたとしても、言語化して説明したところで誰かに伝わるかどうかも分からない。たとえば、羽生さんと同等の棋力を持っていない人に、羽生さんが手の説明をしても伝わらないでしょう。

説明というものは、相手に理解されてはじめて説明たり得る。答えを出すことと、説明することは、極論するとまったく別の能力だと思います。

私は、ディープラーニングは答えを出すための能力を持ったものであって、説明するための能力は別に必要なのだと考えています。人間も多くの場合そうなのだと思います。行動が先で、理屈は後付けでもよいという（笑）。しかし後付けでも理屈がなければ、人に理解されない。

羽生　そうですね。会社での不始末も、上司にきちんと理屈で説明しないと許してもらえないというか（笑）。

松原　理屈の本質は、「理屈として機能している」か否かであって、必ずしも「本当のことを言う」ではないですよね。それはＡＩにとっても同じだと思うんです。たとえばアルファ碁も、おまじないで答えを出しているわけではないので、非常に高度な解析さえすれば、つまり、ディープラーニングを形成する膨大な物理的ネットワークの数値をひとつずつ追っていけば、理論的にはディープラーニングの出した答えのメカニズムは解明できます。しかし、それをやったところで、人間が理解できる理屈としては成立しません。人間の思考が〝ディープラーニングのように〟できてはいないからです。

そこで、まさに上司に説明する時のように、都合よく言い換える能力が必要になります。

羽生　（笑）。

松原　必ずしも本当のことを言う必要はなくて、人間同士が理屈で関係性をとりつくろうのと同様に、ある意味では騙していることに近いのかもしれない。しかし大切なことは、理屈を機能させ、人間に対して説明できる能力をＡＩにも与えるようにする、ということだと思うのです。

第二期電王戦第一局で佐藤天彦叡王（当時）と対局したポナンザは、佐藤に対し、「３八金」という奇妙な第一手を指しました。将棋のプロ棋士の第一手は、飛車や角行が早く相手陣地へ進めるよう、それらのコマの通り道を塞いでいる歩兵を動かすのが基本です。よって、３八金はこの一〇年間の棋譜にはない。玉の守りから外れ、十字に動ける飛車の動きを妨げるのもおかしい。羽生さんは「守りも薄くなるし、飛車の動きも弱めるし、進展性もない」と、この手を解説していました。

しかしこの後、第九手目で、ポナンザは３八金を礎とした「中住まい」[※2]という強固な守りを築きました。それはもはや、人間のいかなるプロ棋士にも着想できない手でした。コンピュータ将棋は創造的な手を次々と編み出し、人間の棋士を超えているのです。

創造性の正体

羽生　以前イギリスで、ＡＩがつくったミュージカルを観ました。そのミュージカルの作者が「今は『ＡＩがつくったミュージカル』と言われることが多いけれど、私はそうした色眼鏡で見てほしいとは思っていない」と力説していたのが印象的でした。作者は、たとえＡＩを使っていようとも、ひとつの創作物として観てもらいたいと終始主張していました。

作曲や小説の執筆など、最近はＡＩがさまざまな創作をし始めています。近い将来、人間の創作物とＡＩの創作物との見分けがつきにくくなってくるのではないかと感じます。

松原　そうですね。私の場合はＡＩを使って書いた小説を「星新一賞」に応募したところ、それらの一部が一次審査を通過しました。ＡＩで書かれたという情報は伝わっていないはずなので、審査した人はこの作品がＡＩによって書かれたものであることには気づいていなかったことになります。

この出来事は、さまざまなメディアを通じて報道されましたが、やはり色眼鏡で見られたことで話題になったのだと思います。私としては、良いものであれば、作者は人間でもＡＩでもよいと思います。

羽生　そうですね。

松原　文壇のうわさでは、ＡＩを創作支援として使って書かれた小説が、すでにあるのではないか、と言われています。売れるストーリー設定を学習して、その設定は変えず、扱う題材を変えて書き分けていくといった処理は、ＡＩの得意とするところでしょう。売れる小説が量産できるようになるわけです。

映画では、ハリウッドがＡＩを制作に活用しています。「ヒットする映画は○分に一度笑いかどよめきが起こらなければならない」といった類の法則性は今も存在します。そうした法則性を学習したＡＩを活用して脚本製作に活かしているという話があります。

羽生　マーケティングとＡＩは相性が良さそうですよね。ハリウッドのように莫大な資金が動き、失敗できない分野ではＡＩの導入が早く進みそうですね。

松原　そうしたことを考えていくと、作品のオリジナリティとはどこにあるのかという命題にぶつかります。今のオリジナリティは、「人間にはオリジナリティがある」という前提によって成り立っているものです。ＡＩとの合作となれば、作者のオリジナリティをどのように規定するかという議論が必要になってくるでしょう。

羽生　ただ、人間のオリジナリティ自体も突き詰めていくと、明確な答えがあるわけではないですよね。自分が今まで経験してきたこと、知ってきたことをアレンジして創造が生まれていることも多いでしょうし。

松原　そうですね。おっしゃる通りだと思います。私たちは小説家・星新一さんの作品を参考にしてＡＩによって創作を行ったのですが、そうすると「星新一さんの世界から一歩も外へ出ていない」と批判されることもあります（笑）。

　では人間の作家は外へ出るプロセスのみで創作をしているのでしょうか？　もちろん、創作にはそうした側面もあるでしょう。しかし作家の創作物には、昔からの読書経験が何らかの形で息づいているはずなのです。彼らは、さまざまな小説作品の影響を受け、咀嚼《そしゃく》して自分の表現に昇華させているために、それらは「パクリ」と言われることなく、創造性と呼ばれています。評論家はそれを見抜き、「〇〇さんは夏目漱石の影響を受けている小説家だ」と評したりします。

　ＡＩの研究によってオリジナリティというものが、ともすれば神秘的な人間の創造性と言われているものの一面が、解明される可能性があると私は思っています。

「創造的な一手」の定義とは

松原　羽生さんにとって「将棋界における創造的な対局」というのはどういった要素から構成されるんですか？

羽生　そうですね……「今までになかった組み合わせ」ではないでしょうか。いわゆる新しいアイデアのうちの九九パーセントは「今までになかった組み合わせ」だと私は思っているんですよね。その中で、それなりに一理あるものが、私にとって「創造的な手」ということになるのかなとは思います。

松原 それはAIの棋士であっても、人間の棋士と同じように感じますか？

羽生 そう……ですね。うーん。AIによって、従来の将棋にはない、新しい手、創造的な手が生まれてきているとは思うのですが、AIの手は、初見では理解できないものがほとんどなのです。今までになかった手であることは確かなのですが、既存の手の組み合わせでもなく、そもそもそれが何を意図しているのか分からない。先ほどの理屈が通用しない相手なんですよね。本当はすごく新しく、創造的な手かもしれないけど、理解できないため、そもそも評価すること自体が難しいものですね。

松原 「九九パーセントは今までになかった組み合わせ」というのは私も同意見です。小説だってそうだと思います。では、新しいアイデアのうちの一パーセント、本当にごくまれに「こうした発想は見たことがない」というほどの手や戦法と出会ったことはありますか？

羽生　いや、ない……ないというか、なんて言えばいいんでしょうね。ここ二〇年ぐらいでほぼ全部の形をだいたい試みているんじゃないかな、という感じはあります。

将棋って、たとえば飛車の位置で戦法が決まるものです。私は「居飛車[※3]」から順番に一通りは試みているので。そう考えると、戦法の中で理屈として考えられるものはだいたい全部試みているということになります。

松原　居飛車にしても、八四も八五も全部ですか？

羽生　そういうことです。それらを変化させた形もすべて試みています。そうした意味では一応、おおざっぱに言えばすべての形は検証済みなのかな、とは思っています。

そうは言っても、やはり人間の将棋とコンピュータの将棋は本質的に異なるものですから、これから新しい発想に出会う可能性はあると思います。たとえば「歩を交換して一歩持つ」というのは、人間の感覚からすれば非常に価値の高い手です。だから人間の棋士は序盤などで必ず一手費やしてその一歩を交換する手を指すのですが、なぜかAIではその手の評価が低い、少なくとも高くはない。それをマネしている人間の棋士が増えてきているということもあって、そこに新たな価値観のようなものが生まれているのかもしれません。まあ、正しいかどうかは分からないけれど、人間が今まで「正しい」と思っていた揺るぎない価値観のようなものが、変えられることはあるかもしれないですね。

松原　たしかにAIは、まったく歩の交換を気にしませんね。要するに人間同士であれば「銀上がって歩の交換を防ぐ」といった場面でも平気で防がずに違うことをしますよね。少なくとも「一歩を持たせる」のを悪いことだと思っていない。

とはいえAIの学習の結果なので、何か深い理由があるのかもしれませんけどね。分からないですね。私が見ていても、AIの特徴的な行動だと思います。

AIが見る、不気味な三コマ

羽生　将棋ソフトのことでひとつお聞きしたいんですが、「三コマ関係[※4]」の評価については何か理屈があるのでしょうか?

松原　基本的には、ありません。あえて言えば「場合の数において、二コマの組み合わせだと少なすぎて四コマだと多すぎるから三コマにした」といった、評価関数における場合の数についての理屈です。「ボナンザ」の開発者である保木邦仁もそれに近いことを言ってました。

羽生　ではこれから先、ハードが進歩したら四コマにした方が精度は高くなるということですか？

松原　はい。さらには五コマ関係にした方が精度が高くなります。

羽生　ああ、なるんですか。

松原　より精度が高くなる可能性はあります。保木が用いているのはディープラーニングではない従来の機械学習ですが、現在であればディープラーニングも使って四コマ、五コマの関係で評価することがあっても不思議ではありません。学生の追試の研究テーマとして最適ですね（笑）。

羽生　そうなんですか。

松原　ただ、精度は高くなるはずですが、劇的に強くなるのかどうかはやってみなければ分かりません。

羽生　そういうことなんですか。でも、人間の棋士からするとすごく不思議な評価の仕方に見えますよね。人間の場合、ひとつの局面に対していろいろな見方をして形勢を判断します。たとえば「コマをたくさん持っている」とか「手番を持っている」「守りがしっかりしている」とか「全部のコマが使えている」といったことを総合的に判断して形勢の良し悪しを判断しているのですが、それがたった三つのコマの配置から分かるというのは……やはり人間離れした発想ですよね。

松原　「勝利の三角形」とか言われていますが、極端に言うと、三コマの配置が対局で現れた場合に、どちらの棋士が勝っているか、あるいは負けているかという統計に基づく評価ですね。たしかに人間の棋士の直感からすると、そんなことでどうして評価関数が出てくるのか不思議ではあります。

羽生　しかもばらばらの、任意の三コマですよね。

松原　そうです。

羽生　いや、もちろん人間もやってるんですよ？　たとえば、玉の周りのどの位置に守りの金や銀を配置したら強い、あるいは弱いという評価はしています。そうした三コマの位置関係は、時に非常に真剣に評価するのですが、将棋ソフトは任意ですからね……。ただバラバラに存在している三コマに何の関係があるんだ？　としか思えないですよ（笑）。

すごく適当というか、いい加減な感じがしますよね。少なくとも、人間の棋士がそんなことで形勢を評価していたら、頭がおかしいんじゃないかと思われかねない話です。

松原　まあ、実際にほとんどの三コマ関係は、おそらく勝敗に関係ないでしょうね。当たり前ですけど。

羽生　それはそうでしょうね（笑）。三コマの関係を、意味は無視してひたすら暗記していったら、いつの間にか、理由は分からないけれど将棋が強くなっている、なんてことが起こるということでしょうか？　それくらい違和感のあることなんですよね。

松原　いえ、意味も分からず丸暗記というのは、それが膨大な量あれば、とても人間はやってられません。たとえば先ほど羽生さんがおっしゃったような「コマの損得」や「玉の守り」といった、三コマの配置が、将棋においてどのような価値観を反映しているのかを読み解きながら暗記できれば、人間の棋士として強くなる可能性はあるとは思いますが。

羽生　なるほど。

松原　はい。先ほどのディープラーニングの説明問題に通じるところでもあります。三コマ関係の値がゼロではなくてプラスかマイナスの値がある、ということは機械学習として重要なことなのですが、人間にとって「それって何なの？」ということには誰も答えられないのが現状です。専門的に言えば、その三コマ関係の数値が大きければ重要なのは分かるけれど、それが将棋にとって何になるのか。その翻訳ができてないんです。

羽生　ＡＩは今、どこまで〝読み〟ができるものなのでしょう？

たとえばより精度の高い天気予報の実現には、カオスの問題をどのように解決・回避するかが重要な鍵を握っていますよね。着実にその精度は上がっていくのでしょうが、ＡＩはカオスの事象に対し、どれくらいの読みを実現していくことが予想されるのでしょう？

松原　生活への目に見える変化としては、今のような「晴れ時々雨」のような大雑把な予報がもう少し精密になるかもしれません。しかし、「絶対明日は晴れます」といった予報の実現は、ＡＩが進歩しても難しいんじゃないでしょうか。

羽生　それはハードの開発がどれだけ進んで、「地球シミュレータ」などがどんどん改良されていっても同じでしょうか？

松原　楽観的な専門家もいると思いますが、私は難しいと思っています。また、予測精度が向上しても、それが生活レベルでこの社会を変えるほどの指標になるとは考えにくい。

たとえば今ではコンピュータの性能が上がったこともあり、政府の地震調査研究推進本部は、将来、南海トラフで発生するマグニチュード八～九クラスの地震について「三〇年以内に、七〇パーセント程度」という予測を出しています。しかし多くの生活者にとって「引っ越すべきか、否か」の手がかりになるものではありませんし、今後もそうならないでしょう。

私はAIやコンピュータが進歩しても、カオスのような事象を扱って予測をする場合、確率的な問題であるということからは逃れられないと考えています。

なんにせよアトムやドラえもんのようなロボットを実現するうえで必要となる汎用AI。実現すれば、そのAIは、人間よりも遥かに高度な創造を可能にするかもしれません。その時、私たち人間はどうなっているのでしょう？

私は時に楽観的とは言われますが、たとえ高度な汎用AIが生まれても、人類はこれからも、より高度な生物へと進化していくと考えています。それというのも、人類の進化を支えてきた、環境への適応力は普遍的なものだと信じているからです。

そして私はAIとの共生が進む将棋界における羽生さんの適応力に、人類の希望さえ見いだしているのです。

アトムに出会える日は来る？

羽生　ロボットのこれからについて質問なのですが、鉄腕アトムのようなロボットの実現はどのくらい期待できるのでしょうか？

松原　現在、人間型のロボットはソフトバンクの「ペッパー Pepper」をはじめ、数多く生み出されています。これからの課題は、具体的に「人の役に立つ」ということだと思います。

現在の人間型ロボットは、エンタテインメント向けのものがほとんどです。つまり、人間の遊び相手になってはくれるけれど、家事や仕事を任せられるまでには至っていない。私たちは料理などの家事に高い成功率を求めます。「料理をつくれ」と言って「夕食の成功率は五〇パーセントです」なんて言ってくるロボットには任せられないですよね（笑）。

具体的に人間の役に立つというのは、実はかなりハードルが高いのです。

羽生　たとえば「ウォズニアックテスト」と呼ばれているような、「知らない人の家でコーヒーをつくる」といったタスクですよね。

こうしたタスクを難しくさせているのは何なのでしょう？　人間なら誰でもできることがコンピュータにとって難しいというのは、理由があるはずですよね？

松原　現在のＡＩは、行動の「あたりをつける」ことができないのが、大きな課題です。たとえば人間であれば、他人の家に行っても、そこがマンションであれば、だいたいの間取りが分かります。キッチンにたどり着くことも容易でしょう。コーヒーメーカーも、だいたいたい水回りの近くに置いてあるものということを知っているので、容易に見つけ出すことができます。そこが自分の家でなくても、だいたいの〝あたり〟をつけて行動することができる。

しかしＡＩは、今からしようとしているタスクに関係性のあることだけを、周囲の環境から抜き出して認識することができません。これは「フレーム問題」と言われています。

羽生　今のＡＩを搭載した人間型ロボットが部屋に入るとどんな行動をするのでしょう？

松原　まず最初の一時間ぐらいは空き巣さながらに家中を歩き回り（笑）、どこに何があるのかの〝地図〟をつくることになるでしょう。一通り気が済んだら、おもむろにコーヒーを入れ始めようとするでしょうね。

こうしたプロセスを踏まなければ、ミスをして何かを壊してしまったり、部屋の配置を変えてしまったりする可能性があり、危険なものになります。

ロボットによる環境認識において重要な、画像認識技術の向上も必要です。ＡＩが知らない家を画像認識するのは、人間が考えるよりも遥かに難しい。照明の輝度が異なるだけで、認識できないこともあるでしょう。昔に比べればずいぶん改良されてきましたが、それでもまだまだ人間の画像認識能力とは比べものにならないくらいの精度です。

羽生　フレーム問題の解決の緒はまだ見えていないのでしょうか？

松原　ディープラーニングに大きな期待が集まっていますが、まだ解決までは遠い道のりです。

アトムに会えるのはもう少し先の未来、少なくとも一〇～二〇年は必要になると思います。

「悔しさ」という感情の正体

松原　人間の棋士がＡＩの棋士に負けたという話を聞くたび、少し悔しい気持ちになります。あの悔しさは何なのでしょう？

羽生　人間の知能を超え得る可能性を持つものに対する一時的なアレルギーでしょうね。自然なことだと思います。この地球上では人間の知能を超えるものは他に存在してこなかったわけですから。

少し先の出来事かもしれませんが、私は、人間とＡＩは何らかの形で融合していくと思います。もちろん今の人々は「受け入れがたい」と思うかもしれませんが、外付けの小型コンピュータであるスマートフォンを身につけている人がこれだけ多い世の中で、私たちが、より高度化するＡＩと融合しない理由が見当たらないのです。

松原　そうですね。そうした未来が到来するとしたら、これからは将棋も、人間の将棋と、コンピュータを用いた将棋とに分かれて成立していくのかもしれません。最近はチェスの公式戦を見にいくと、電子機器を持っていないかチェックされますよね。今後は将棋も、生身の人間同士の対局はどこまでも人間性を重視するようになるだろうし、ＡＩの知見を取り入れた棋士同士の対局は、より〝超人〟性を重視していくようになるのかもしれません。

羽生　とくに二一世紀以降だと思うのですが、人間の社会は「世界にある膨大な情報の中から、いかに有益なものを見いだすことができるか」を追求してきたのだと思います。その結果として、人類はコンピュータやインターネット、AIを生み出しました。

この流れは今後も続いていくでしょう。ただAIは、コンピュータの進歩とともに進化することができる。言ってみればどんどん賢くなることができる。しかし人間の脳はコンピュータのように速く進化することはできないので、今後、世界にどれだけ有益な情報が増えても、人間が賢く進化していくことができるのかどうかは分かりません。

松原　今はまだスマートフォンだから、いつでも好きな時に切り離せるけれど、近い将来、それこそウェアラブルデバイスとして眼鏡やコンタクトレンズなどをコンピュータとして使っていく機会が増え、人間とコンピュータがより不可分なものになるかもしれませんね。

さらに、脳にチップを入れて、完全にコンピュータと人間を不可分なものにするといったことも起きるかもしれません。すでにそういった研究は進められています。

そうした未来、「個としての人間の能力」という概念が変わる可能性はありますよね。

羽生　そうですね。最近は「AIのIQは、いずれ三〇〇や一万になる」と言う人もいますよね。ということは、社会の中で脳にチップを入れている人と、そうでない人のIQに大きな隔たりが生じていく。もちろん貧富の差や生活にも強い影響が表れるでしょう。そんな高IQを持つ人々の中で、IQ一〇〇程度の生身の脳で生きていくなんて馬鹿らしいじゃないですか。まさに悔しい（笑）。

松原　そうなってきますよね……。

羽生　そうした社会に適合するために自分の脳にチップを入れる、といった状況が起きた時、この世界は一体どんなものになるのかを、今から考えておく必要はありますよね。

松原　「個としての人間の能力」の評価という点では、今、大学の入学試験に変化が起き始めています。これまでの漢字の書き取りや英語の綴りを正確に書けるかを問う試験は、本当に実社会において意味があるのか、ということが議論されています。

それこそAIと共生する社会で生きていくためには、さっき羽生さんが話していたような「世界にある膨大な情報の中から、いかに有益なものを見いだすことができるか」を、より総合的に測定した方が時代に合っているわけです。

羽生　「一〇分以内に解け。スマートフォンの使用も許可する」といった問題の方が合っているかもしれないですよね（笑）。

松原　そういうことです。要するに自分だけで考えてもいいし、インターネット上の知識を使ってもいいわけです。私たちは社会でいつもそうして生きています。試験によって社会的適応能力を測ろうとするなら、実社会と同じ条件にしてはどうかということです。

実際の社会は、言ってみれば「問題に対して、それなりに適切な答えを一〇分以内に出しなさい」という問題の連続です。自分単独でできようが、何かの助けを借りようが、答えを出すことができればよい。それが生きていく能力であり社会的適応能力だとすれば、大学入試でも、それを問うということは自然な流れなのだと思うのです。

羽生　たしかに、「これから先のことを考えて、今、何を勉強していったらいいのか」というのはとても根本的ですが、なかなか答えるのが難しい問題ですよね。

松原　そうですね。学習で重視されるのはやはり、判断力や応用力を鍛えるということではないでしょうか。みんながそれほど大差ないほどに〝スマートな〟スマートフォンを持っている社会で差がつくとすれば、それはやはりこれらの能力の差だと思います。学習でその部分を鍛えるというのはこれからも残り続けるとは思いますね。

人間の知性は、今後、個々人の判断力や応用力にフォーカスして評価される時代になるのかもしれません。

※1　地下鉄飛車…飛車を一段目に引き、九筋からの攻撃をもくろむ将棋の戦法。

※2　中住まい…居玉より玉が真上にひとつ上がった形の将棋の囲い。

※3　居飛車…初期配置の先手二筋、後手八筋周辺に飛車を置く戦法。

※4　三コマ関係…将棋の四〇個のコマの中の任意の三コマ（たとえば金、桂、歩という組み合わせ）の位置関係が形勢判断にどう影響しているかに基づいて評価関数をつくるボナンザの方法。

第四章　ＡＩに創造は可能か

人間の知能を探求する

人間と区別がつかないような人工的な知能をつくること。それは私を含む、ＡＩ研究者の夢です。

どうして人間は自分の似姿、自らと同じ、またはそれすら超える知能をつくろうとするのでしょうか？　この問いに対しては、私も明確な答えは分かりません。しかし、ひとつ思うのは、私たちは「自分というものを知りたい」という根源的な知的欲求を持っているのではないか、ということです。

誰しも一度は「自分とは何者なのか」という問いと対峙したことがあるはずです。ある人は思春期かもしれない。またある人は一生考え続けるかもしれない。「自分を知る」という人間の根元的な知的欲求として「人間の知能とは何なのか」を研究し、それをつくり出すという課題に取り組んでいるのが、私たちＡＩ研究者なのです。

私は、幼稚園のころに『鉄腕アトム』をテレビで見て、アトムをつくってみたいと思ったことがきっかけで、今もこうしてＡＩを研究し続けています。アトムのような、人間と区別がつかないような人工的で汎用的な知能。それが私の目標です。

どうしてアトムが、「小説を書くＡＩ作家」をつくり出す研究と結びつくのでしょうか？それは、小説を書くＡＩ作家をつくることが、人間と区別がつかないような人工的な知能をつくり出すことへの、ひとつの道であるということです。

ＡＩ作家を生み出すこと、チェスの世界チャンピオンに勝つＡＩをつくること、将棋のプロ棋士に勝つＡＩをつくること、はたまたＡＩによって東京大学入試を突破することを目的として始まったプロジェクト「ロボットは東大に入れるか」なども、言ってみれば〝個別の問題〟を解いているにすぎません。しかしその過程を通じて知能とは何かを解き明かし、知能の本質である汎用性に迫ろうとしている点は共通しています。

さらに、将棋などの個別の問題を解くための知見が、ＡＩ全体のブレイクスルーを生み出すことも期待できるのです。この章では、私の研究から見えてきた、人間の知能の働きのひとつである創造性の解明と、ＡＩ研究者の夢である、人間と区別がつかないような人工的で汎用的な知能の実現までの距離について、今分かっていることをお話ししていきたいと思います。

原始時代に創造性はあったのか？

そもそも「創造性」とは何なのでしょう？　どうしてこんな能力が、私たちの知能にあらかじめ備わっているのでしょうか？

私たちは創造性というものを、シェイクスピアやピカソなど、主に芸術分野において、特定の天才が発揮する神秘的な能力だと捉えがちです。それでは、芸術というものがまだ存在していない世界、それこそ原始時代には、創造性は存在しなかったのでしょうか？

結論から申し上げると、原始時代であっても、人間は創造性を有していたと私は考えています。今の私たちの価値観とは違う形で、創造性は私たちの種の保存を有利にさせるために備わっていた、私たちの知能の一機能だったのでしょう。

そもそも知能とは、進化論においては、種の保存のための能力だとされています。私たちが未知の状況に直面した際に、うまく対応し、生き延びるために進化の過程で身につけてきた「適応能力」、それが知能です。人類がこの地球上の生物の頂点に立つ存在として君臨できたのも、この適応能力が他の生物よりも優れていたおかげです。

知能の中で、創造性は非常に重要な働きをします。たとえば古代、ある人間の集団が、同じ場所で農業をし、狩猟をして生活していたとします。農業では毎年一定量の収穫をあげており、狩猟の成績も良いとします。

しかし、豊かな状況が続くと、子孫が生まれ、次第に集団の規模が大きくなっていきます。すると、いずれ食料をまかないきれなくなる。ずっと同じ場所にいては、この集団は滅んでしまう。そんな時、「いちかばちか、他の場所に行ってみよう」と根拠もなく言う人が現れる。こうした人が発揮していたのが、後に創造性と呼ばれるものになったのではないでしょうか。

彼らはある意味では種の保存を有利にさせたことでしょう。しかし当時は現在のような高度な気象観測システムなんてありませんから、転地したところで大災害に見舞われて全滅することもあったでしょう。転地して偶然うまくいけば、人々からは「あの人は神の使いだ」とされ、神秘的な能力を持つと思われるようになる。その一方で、平常時は厄介者ですらあったかもしれませんね。きっと変わり者タイプだったのでしょう。

小説を書いたりする芸術的な創造性も、このように人間が歴史の中で身につけてきた能力の強い影響を受けているのだと思います。

AIはすでに創造性を発揮している

「きまぐれ人工知能プロジェクト　作家ですのよ」の成果は多くのメディアに取り上げられました。その中で私は芥川賞作家であり、お笑い芸人の又吉直樹さんをはじめとする作家の方々とも対話を重ねてきました。AIは創造性を持つことができるのか？　と多くの記者が私に問いました。私の答えは一貫して「YES」です。

私は創造性というものを「新しいものを発想する」能力だと考えています。シェイクスピアやピカソなどの、歴史に長く記憶されるような芸術作品をつくる営みから、子どもが野原で勝手にゲームを考え出して遊び始めることまで、すべては新しいものを発想することに支えられています。これらすべてを、人間の知能が発揮する創造性だと考えています。

そしてこの創造性の定義に照らし合わせれば、すでにコンピュータはずいぶん以前から創造性を発揮しています。実は、人間が見たことのないような新しい組み合わせを見つけることと自体は、コンピュータにとってはそれほど難しいことではないのです。

ではなぜ、それらが今まで評価されてこなかったのか。それは、そのほとんどが役に立たないものであったからかもしれません。さらに言えば、それらを〝測る〟方法がこの世界にはまだ存在していなかったからです。創造的であることと、創造的だと評価されることとは違うのです。

たとえば将棋や囲碁などのゲームには、絶対的な評価基準があります。勝負に勝てばよいのです。近年、囲碁の世界では「アルファ碁」が、将棋の世界では「ポナンザ」などがその創造性を発揮し、それが評価された好例です。

先述したように数々のプロ棋士を破ってきた将棋AIも基本的には教師あり学習です。将棋AIポナンザは、プロ棋士の過去二〇年分の対局五万局の棋譜を学習しています。言ってみれば、過去のデータを使って戦っているわけです。

しかし、最近では、そうした過去のデータにはない、未知の局面においても、将棋AIはプロ棋士に高く評価される新手を創造しています。そしてそれらの手を、棋士たちは積極的に自らの戦法に採り入れています。

たとえば二〇一三年の名人戦において、森内俊之が羽生善治を相手に指した「3七銀」(六二手目)という手は、ポナンザの手をマネしたものです。

将棋AIは、これまで人間によって指されたことのない手を指したうえで、人間の棋士

第71期名人戦第5局の棋譜

2013年5月30日に行われた第71期名人戦第5局の棋譜（先手：羽生善治、後手：森内俊之）。森内は、ポナンザの新手である「3七銀」をこの局面で打ち、羽生を下す。

に勝つという結果を出し、その手は新手と評価されている。こうしてはじめて、人々は創造的だとみなすようになります。もっとも、将棋ＡＩの手は、そのすべてを人間が理解することができないため、どのようにして勝っているのかが、よく分からないという問題はありますが、新しさを生み出し、評価を得ていることは確かです。

　しかし小説となると、少し状況は複雑です。将棋や囲碁のようなゲームにはない、相対的評価でその創造性が判断されるからです。そこには、人間の知能が持つ創造性を解明するうえで重要な議論がたくさん存在している、と私は考えています。

改めてですが、ＡＩ作家が書いた『コンピュータが小説を書く日』は面白かったでしょうか？　気づかれた方もいるかもしれませんが、ＡＩ作家が書いた『コンピュータが小説を書く日』には三種類の数列が登場します。ひとつは1とその数しか約数を持たない自然数である「素数」、もうひとつは、最初の二つの項が1、続く三項以降の項は、直前の二つの項の和になる数列「フィボナッチ数列」、もうひとつは各位の和が元の数の約数であるような自然数「ハーシャッド数」です。個人的には、もう少し分かりやすい数列の方がよいのでは？　と思っています。「面白い」と言っていただけると、とてもうれしいのですが、仮に読者のみなさんがこの作品を面白い、創造的だと感じてくださったとして、では、どうしてそう思っていただけたのでしょうか？

『コンピュータが小説を書く日』は、星新一賞の一次審査を行う審査員が読んでも、作者が人間かＡＩかの区別がつかない小説作品ではあります。しかし、まだまだ入賞にはほど遠い状態です。それゆえにこのＡＩ作家を、創造的な小説家とみなすためには、まだ足りないものが多いわけです。

一方で、『コンピュータが小説を書く日』は、この世界ではじめてＡＩ作家が書いた（もっとも先述した通り、「人間八割、ＡＩ二割」の小説ではあります）という新しさがあります。よって、メディアからは大変な反響を得ました。『コンピュータが小説を書く日』は、小説としての評価は逃したが、昨今世間で話題のＡＩの営為の中で、新しい展開だと評価されたのです。この小説を面白いと評価してくださった読者は、「これはＡＩ作家が書いたものだ」という前提を評価したのだと思います。

こうしたことから分かることとは、何かが創造的だとみなされるかどうかは、この社会においてその営みを評価する方法が確立しているかどうかに左右されるということです。将棋の場合は、そもそも勝ち負けの評価がしやすいため、ＡＩの新手も、それが創造的か否かが明確に判定できる。その一方で、小説の場合は芸術作品であり、将棋の勝敗のような明確な評価基準がない。文学賞がひとつの指標になると考えて私たちは作品を応募したわけですが、そもそも小説とは文化批評としての側面を持っており、その評価は社会・文化の情勢によって相対的に変化します。絶対的評価基準がある将棋に比べ、相対的評価基準と戦わなければならない小説は、その創造性が評価されるのは難しいのです。おまけに、発表後すぐに評価される小説もあれば、一〇年も二〇年も経った後で評価される作品もある。このように、人間が書いた小説の評価は曖昧で、偶然に左右されるところもある。

創造的であることと、創造的だと評価されることが違うのを、小説創作というテーマを通して詳察できたことは、ある意味では「きまぐれ人工知能プロジェクト 作家ですのよ」の成果のひとつでした。

AIの研究は「人間の知能を理解する」という動機から始まっています。創造性も「神秘的な能力」と言われているけれど、何らかの理屈があるはず。そうしたことをひとつひとつ解明していくことで、AIが描いた絵画を見た時や、AIが書いた小説が文学賞の一次審査を通過した時に、「これって本当に創造的なの？」という問いに対して合理的な説明をすることができるようになります。

現在、「コンピュータがやったこと」は多くの人にとって創造的だとはみなされていませんが、今後、AIの研究によって私たちが持つ創造性の正体は明らかになるかもしれません。ＡＩ研究は、私たち人間が持つ創造性へのさまざまな疑問を照らす一条の光となるかもしれないのです。そして、それ自体が非常に創造的な出来事であると思いながら、私は研究を続けています。

「パクリ」と「オマージュ」の境界線

人間の創造性をＡＩから見ていくと、時に面白い発見もあります。たとえば「パクリ」と「オマージュ」の境界線です。これは対象物が創造的かどうかを測るうえで重要なことです。

たとえばある人が、有名な画家が描いたモチーフを、そっくりそのままマネして描いてタイトルを変えて発表したとします。これは完全な「パクリ」であり盗作です。いかに上手かったとしても、創造的だと思えませんよね。

しかし、たとえばある映画の主人公の部屋にある家具が、有名な名作映画の中で出てくる家具と同一のものであったりする場合、さらにその家具が、名作映画と何かの文脈を共有する主要なイベントの鍵になっていたりすることがあります。そうした場合は「オマージュ」と評価されます。

あるいは小説では、だいたい日本人の作家であれば、無意識に夏目漱石や芥川龍之介、森鷗外、若手であれば村上春樹に少なからず影響を受けています。それが露骨に同じ表現として出ているとパクリだと言われるけれど、咀嚼して違う表現で出てくると「斬新」「奇抜」と称賛されるわけです。どこまでがパクリで、どこまでがオマージュなのか。現状では、なかなかこの両者の間に境界線を引くのは難しいです。

しかし、私たちが研究を進めている小説のAI作家がより進歩し、人間の手を離れていけば、自ずとこの境界線を見いだせるチャンスがあるかもしれません。たとえば星新一への〝オマージュ度〟を、ジュースの果汁のようにパーセントで調節して小説を作成することができるようになるかもしれない。すると、オマージュ度のパーセントを少しずつ上げていきながら人に読んでもらい、どこまでがパクリで、どこからがオマージュなのかを判断することもできるかもしれません。

こうした研究は、文学論や文学史に新たな発見をもたらすでしょう。創造性を程度問題として測れるようになれば、それはAI研究の大きな成果になるだろうと考えています。

AIに残された難問「フレーム問題」

人間と区別がつかないような人工的で汎用的な知能の実現は、この世界のすべてのAI研究者の夢です。

これまで「きまぐれ人工知能プロジェクト　作家ですのよ」での小説創作や、AI棋士について お話ししてきました。見方によれば、今やAIは創造性すらも獲得し、人間の知能を凌駕したかのように見えるかもしれません。たしかに現在のAIは、ある特定の分野では大方の予想を超え、人間の知能すら凌駕しているとも言えるでしょう。しかし汎用的な知能の実現には、まだまだほど遠いのです。

そもそも、私たちの持つ知能の本質は、未知の状況に直面した際に、うまく対応し、生き延びるために身につけてきた適応能力です。未知の状況というのは、前もって予測がつかないということです。現在の将棋や囲碁、さらに小説創作に用いられているAIは、すべてが個別の〝既知〟の状況に対応する知能です。つまり、いくらディープラーニングがすばらしいといっても、人間の知能の持つ本質から見れば、まだまだ初歩的で、個別の問題を解いている段階なのです。

本書の冒頭でも述べましたが、ＡＩの知能レベルを測るテストのひとつに、数学者アラン・チューリングが一九五〇年に提唱した「チューリングテスト」があります。かつて、このテストに合格したＡＩは、人間と同等、もしくはそれ以上の知能があると考えられていました。

テストは人間が、別室にいる人間あるいはコンピュータと、ある一定時間、チャットによってコミュニケーションすることで行われます。そして判定者である人間が、（コミュニケーションしている相手がコンピュータであるにもかかわらず）相手のことを人間だと認識した場合、そのコンピュータはテストに「合格」となり、人間並みの知性があると判断されます。

このテストには、すでに二〇一四年に「ユージーン・グーツマン」という一三歳の少年として設定されたコンピュータプログラムが合格しており、当時、話題となりました。ユージーンは、判定者の三三パーセントが「人間かコンピュータかを判断できない」としてチューリングテストに合格した最初のＡＩになりました。しかし今もなおコンピュータの専門家の間では反論も多い状況です。チューリングテストは、ＡＩが人間を欺くことのできるチャットの知能を持っているかどうかを測るものであり、これも個別の問題にすぎないのではないかと考えられるのです。

人間と区別がつかないような人工的で汎用的な知能とは、チャットのやりとりだけではなく、人間が五感を含めてコミュニケーションし、人間か人工物かを判別できないような知能であるはずです。そうした知能は、たとえば、学校にやってきたロボットの転校生が、生徒や先生と何の障壁もなく共存する、といったものに等しい。人間と数カ月〜半年もの時間を共有し、先生も生徒もみな、その転校生を人間だと思っていたけれど、ある日、その転校生がAIを持つロボットだということが明かされ、みなが驚くというような知能です。

こうした知能は、人間と同じ身体性を持つことが必要となります。その実現は当分難しいでしょう。現在のような無機物によってつくられるハードウェアではなく、もっと有機的な何かによって実現されるものかもしれません。

これからのAI研究は、現状の個別の問題を解く「分散的」なアプローチではなく、汎用性を時には指向する「統合的」なアプローチをとる必要があると考えます。そうでなければ、ＡＩと人間社会の関わりにおけるさまざまな問題に対応することはできないでしょう。

また、ＡＩが汎用性を獲得するうえで、避けて通れない難問があります。それがＡＩ最大の難問のひとつ「フレーム問題」です。これはＡＩ研究者のジョン・マッカーシーとパトリック・ヘイズによって一九六九年に提唱されたもので、私も研究者人生を通してこの問題に向き合ってきました。そして私はフレーム問題が何らかの方法で解決されない限り、汎用ＡＩの実現は難しいと考えています。

フレーム問題というのは、ある行為をコンピュータにプログラムしようとした時、「その行為によって変化しないこと」をすべて記述しようとすると計算量が爆発的に増えてしまい、結果としてその行為を行うことができなくなる、という問題です。

人間は何らかの行動をしようとする時、必要な情報だけを「枠（フレーム）」で囲い、適切に用いることができます。たとえば、これから電話をかけようとする時、スマートフォンの扱い方や、相手に合わせた言葉づかいなどの情報を自然と用いることができます。走り幅跳びの身体の動きで机上のスマートフォンに走っていこうとはしないし、スマートフォンで連絡先を調べる時、目玉焼きを焼くような手つきで行うことはしません。

つまり人間は、時と場合に合わせて情報の「あたり」をつけて行動することができる。しかしAI、コンピュータにはそれができないのです。できないというより、あたりをつけて行動するようにプログラミングするのが難しいのです。

コンピュータには、ひとつひとつ、変化しないものは「変化しない」と教えてあげないと、正しく行動することができないのです。たとえば、マッカーシーらが提示した例として、次のような状況をコンピュータにプログラムする時のことを考えてみましょう。

「Pさんが自分の電話機でQさんに電話をかける。電話帳で電話番号を調べ、Qさんに電話をかけ、会話をする」

簡単ですよね。今はスマートフォンがあるので、この例題もいささか古くはありますが、古典的な論理によってこの行為をコンピュータにプログラムしようとすると、以下のようなことを延々と検討しなければならなくなります。

「Pさんが電話帳で電話番号を調べている時、Pさんが所有している電話は、引き続きPさんによって所有されているのか」

「PさんがQさんに電話をかけるために電話機のボタンを押している時、電話帳は引き続きPさんによって所有されているのか」

「PさんがQさんと会話をしている時、Pさんが所有している電話は、引き続き所有されているのか」

「そんなの、当たり前じゃないか」と思いますよね？　しかし、こうした「変化しないこと」を自明のものとすることが、AIは苦手なのです。

これまで、さまざまな方法によって開発者たちはフレーム問題を回避しようとしてきました。たとえば「この問題を解け」という時に、解くために必要な知識や情報を、前もって開発者が与えてしまうといった方法です。AIが枠で囲えないのであれば、前もって囲い方を教えてしまおうということです。

しかしそれでは、AIに与えている問題が「この知識や情報を用いてこの問題を解け」というものに変わり、個別の既知の状況への対応となってしまうのです。AIがフレーム問題を解くというのは「目の前の問題を、何の知識を用いて解くかをコンピュータが自力で見つけられる」ということ。つまり未知の状況への対応という知能本来の働きを行わなければ汎用的とは言えないのです。

混乱しないようにお付き合いいただきたいのですが、面白いのは、人間もフレーム問題を完全に解いているわけではないということです。またその事実が、AIがフレーム問題を解く糸口になるかもしれないと私は考えています。

もう今では考えられないことですが、アメリカのとある女性が、雨でびしょ濡れになった飼い猫を乾かそうと、その猫を電子レンジに入れて「チン」してしまったというエピソードがあります。このエピソードの真偽のほどはさておき、その猫は死んでしまいました。その女性は「電子レンジの説明書には、生き物を入れてはいけないとは書かれていなかった」として、製造メーカーを訴えました。女性は勝訴し、製造メーカーは電子レンジの説明書に「生き物を入れてはいけない」という一文を付け加えるようになったという話です。

このエピソードの教訓は、「人間の情報処理能力は有限であるため、電子レンジに入れていいものも、入れてはいけないものも、そのすべてを数えあげることは原理的にはできない」ということです。それゆえ、私たちはさまざまなミスを犯します。少数派ではありますが、電子レンジで猫を乾かそうとしたり、会議で空気を読まない発言をしてしまって怒られたり、待ち合わせの約束をしたものの、駅は合っているけれど見当違いの場所で待っていて会えなかったり……。

それでも、大多数の人々は〝なんとなくうまくやっていく〟ことができる。「計算が狂ってしまって、何をどうすればいいか分からないです」なんて言いませんよね？（たまにそんな人もいますが）それが私たち人間の持つ、知能の汎用性であり、柔軟性なのです。

ＡＩが汎用性を獲得するためには、人間並みにフレーム問題を解くことができればよい、と私は考えているのです。そのために何が必要なのか。その鍵を握るのが、先述したディープラーニングです。

AIには「なんとなく」が難しい

ここで少し、ひと休みしましょう。カフェに入って、ドリンクを注文することを考えてみましょう。そのカフェは、とくに何の変哲もない、どこにでもあるチェーン店です。あなたはホットココアを注文したとしましょう。「なぜホットココアを注文したんですか？」と私が聞いたらどんなふうに答えますか？

まだ「ブルーマウンテン」や「サントスニブラ」「コナコーヒー」といった複雑なメニューがあるコーヒー専門店であれば意見が分かれそうですが、概ねあなたの答えは「なんとなく」に収束するのだと思います。実はこの「なんとなく」による意思決定が、人間とＡＩの知能を分かつ、ひとつの大きな特徴なのです。

では、前節の続きです。どのようにしてディープラーニングによってＡＩにフレーム問題を人間並みに解かせることができるのでしょうか？　先述したように、ディープラーニングとは、多層化したニューラルネットワークを使った機械学習のことです。このディープラーニングの成果こそ、世界最強棋士の柯潔を制した囲碁ＡＩ、アルファ碁の快挙です。アルファ碁はディープラーニングを使い、高段者の棋譜を大量に学習し、新手を編み出し、人間には手の届かないほどの大局観を身につけ、強くなりました。これと同じことを、人間の一般的な生活の中でＡＩに行わせるわけです。

どのように行わせるか。その鍵を握るのが、ＡＩに身体を持たせることだと私は考えています。人間そっくりの身体を持つ「赤ちゃんロボット」にディープラーニングの学習機能を搭載し、現実世界に送り出して生活させる。すると、人間がそうであるように、成長するにつれてフレーム問題が人間並みに解けるようになるだろうと私は考えています。

なぜ身体を持つことによってAIがフレーム問題を解けるのでしょうか？　それは、AIが私たちと同じ方法で日常における「問題」（ここでの「問題」とは、私たちの身の回りにおけるすべての「出来事」と考えてください）を解くことを学習できるからです。

私たちは日常においてさまざまな問題を解いて生きています。コンピュータが得意な問題は、情報をすべて参照することのできる「完全情報問題」です。

たとえば将棋は、科学的に記述すると「二人完全情報確定ゼロ和ゲーム」です。将棋はトランプなどと違って、相手の持ち駒はもちろん、盤上の形勢すべてが分かる（完全情報ゲーム）。そしてサイコロの出た目を争うなどの不確定性がなく（確定ゲーム）、勝敗が明確なゲーム（ゼロ和ゲーム）です。これがコンピュータがもっとも得意とする問題です。私たち人間は、たとえ単純な計算問題であっても、特殊な訓練を受けた人以外、計算量が増え、複雑になればたちまち解くことが困難になってしまいます。

その一方、私たち人間は情報をすべて参照することができない「部分情報問題」を解くことが得意です。たとえば私とあなたが話をしようとする時、たとえ会ったことがなくてお互いのことを知らなくても（部分情報）、最低限の世間話をすることができますよね？　年齢や趣味嗜好が分からなくても（不確定）、見た目から年齢を予想したり、話し方から趣味嗜好を推測したりして、あたりさわりのない話をして（非ゼロ和）、時間を過ごすことができる。

ＡＩはこの部分情報問題を解くことが非常に苦手です。私たちは「ここで話をしているのだから一〇キロメートル先の誰かの会話は私とは関係ない」として、目の前の人物との会話に集中することができる。さらに「自己とは何か」ということをある程度曖昧にしながらも、自己と他者を区別して接することなんて、造作もないことです。

一方でＡＩは、「ここ」と「一〇キロメートル先」の違いが分かりません。さらに、どこまでが自分であり、どこからが会話をする相手なのかも分からない。たちまちフレーム問題に直面し、世間話をすることはできなくなってしまうでしょう。しかし厄介なことに、現実にある問題の多くはこうした部分情報問題ばかりなのです。

さて、前置きが長くなってしまいましたが、ＡＩに部分情報問題を解けるようにするために必要なことが、身体を与えることなのです。そもそも私たちは部分情報問題をどのようにして解いているのでしょう。もちろん私たちはそこにある情報のすべてを相手にして問題を解いているわけではありません。前述したように、私たちはフレーム問題に直面することなく、多少のミスはするけれど「なんとなく」うまくやっていくことができる。言い換えると、私たちはある程度のミスをすることを容認し、この世界の莫大な情報を部分的に取り込んで処理し、大部分の場合に〝なんとなくうまくいく〟解を出すことができる。これがフレーム問題に対して、知能として適切に対処する、ということです。

言ってみれば、私たちはミスを犯し得るという代償を支払って、知能の柔軟性を獲得しているのです。そこで重要な役割を果たしているのが、身体という物理的限界なのです。

たとえば人間には、手の届く範囲や声が届く範囲というのが物理的に定まっている。それによって、自分が解くべき問題が今どこにあるのかが分かるのです。あなたと私が、明確に身体で分かれているから、自己と他者が分別できる。しかしＡＩには有限な身体性がないため、五メートル先だろうが五〇〇メートル先だろうが違いが分からない。どこまでが自分で、どこまでがあなたかも分からない。すべての情報が等価になってしまうのです。身体を与えるということは、知能に対し、物理的な限界を与えるということです。人間がフレーム問題をそれなりに解くことができるのは、身体という限界があるからと考えられるのです。

人間は身体が持つ物理的限界の中で目の前の問題に対処しなければなりません。限られた情報処理能力と物理的能力の中で、うまく問題を解く、という能力を進化によって身につけてきたのです。身体がなく、情報処理の範囲もハードウェアを強化すれば無限に広げていくことができるAIは万能に見えますが、人間のような知性の柔軟性を持ち、人並みになるためには、有限な身体が必要なのだと考えられます。

人間と見間違うほどの身体を持つことができれば、AIにもフレーム問題が人間並みに解けるようになるはずです。逆に、そうしない限りは解けない。ディープラーニングだけでフレーム問題に対処できるという意見もありますが、私は身体があってこそうまくいくと考えています。

もしそんなロボットが誕生したら……それはもはや人間と同じです。大学の研究室なんかにずっと置いていてはダメで、毎日外に連れていっていろんな人に会わせたりしなければなりません。人間の子どもと同じです。

そしてロボットが何かを見たときに、人間の親が「これはりんごだよ」「あれは犬だよ」と教えるのと同じように接していかなければいけない。そうすると概念を人間と同じように認識するようになる。それこそ研究者も親と同じで一人だと大変です。何人かで手分けしてやらなければならないでしょう。父親と母親という概念も認識させなければいけないですから、研究者も父親役と母親役を……いやはや、完全にこれは子育ての話になってきましたね。

ロボットに人間と同じ方法で問題を解かせようとすれば、結果的に人間同様、悩んで成長するということが必要です。それに対してビジネスの文脈で語られるＡＩは、身体を持たずソフトウェアだけで完結していた方がわかりやすい。将棋や囲碁のようにロボットではなくてもできることはたくさんあります。

きたるべき「汎用ＡＩ」時代へ

汎用性の実現にはまだまだほど遠いとはいえ、汎用ＡＩの実現に対し、人間社会がどのように対応するかは今から考えていかなければなりません。

現在ですら、ＡＩが人間の知能を凌駕することが本格的に視野に入りつつあります。ひとたび凌駕してしまうと、ＡＩは人間の手を離れ、コントロールすることが難しくなってしまいます。将棋ＡＩが、人間の棋士には理解することはできないが、明らかに人間の棋士よりも強力な新手を編み出し、人間の棋士のあり方に大きな影響を与えているという現状から、そのコントロールの難しさは容易に予測できると思います。今後、さまざまな分野で、こうした状況は数多く生じてくるはずです。

そんな途方もないことを今考えて何になるのか？　と思われるかもしれません。しかし先述したようにレイ・カーツワイルは二〇四五年にコンピュータの進化が人間には予測できなくなるシンギュラリティ（技術的特異点）を迎えると主張しています。

確かな年代はさておき、遠くない未来のどこかで、この汎用ＡＩは生み出されると考えざるを得ません。そして汎用ＡＩは複雑系であり、人間の脳よりもさらに複雑なものになることが研究者によって指摘されています。この汎用ＡＩはもはや、その挙動を正確に予測することはおろか、そもそも人間に扱える代物ではありません。

ゲノム編集技術など、あらゆる先端科学技術がそうであるように、汎用ＡＩは人間を幸福にも不幸にもする可能性があります。そして現在、世界のさまざまな国家が、汎用AIを見据えたAIの開発にしのぎを削っています。

最先端テクノロジーのジャーナリズムを展開するメディア「WIRED」（アメリカ）は、ロシアのプーチン大統領が、二〇一七年九月一日（現地時間）、ロシア国内の一万六〇〇〇の学校へ向けてこんな声明を発表したことを報じています。「AIはロシアだけでなく、全人類にとっての未来だ。この分野のリーダーになる者が世界の統治者になる」。

同メディアは、アメリカ、ロシア、中国が今後、AIを国力を支える主要な技術として位置づけていくことを有識者からのインタビューで明らかにしています。この三国が世界有数の核保有国であるということが何を意味するのかを、私たちは真摯《しんし》に受け止める必要があります。画像解析、ドローンや自動車の制御など、商業分野で活用できる高度なAI技術はそのまま軍事の最先端技術へと転用が可能です。そのAIのさらに上をいく汎用AI、それはまさに核兵器に次ぐ強力な国力であり軍事力になり得ます。

AIはすでに、私たち研究者の予測を超えて、世界のバランスに大きな影響を与えようとしています。私たちは、そうした時代に生きているということをよく認識し、汎用AI

を生み出すとすれば、それはどのように扱われるべきかを議論する必要があるのです。私たちはそれこそ先を急がなければなりません。

AIは心を持てるのか

汎用AIに心は宿るのか。鉄腕アトムのようなロボットをつくったとして、私たちはそのロボットに心があると感じるのでしょうか？　私の答えは「YES」です。

これは人間側の認知の問題です。たとえば目の前に首尾よくフレーム問題が解決された汎用AIを搭載したアトムが現れたとします。その時、アトムと話をし、コミュニケーションしていく中で、私たちがそのアトムに「心がある」と認識した方が便利であれば、あるいは心を仮定せざるを得ないほどの状況に居合わせたのであれば、そのアトムには心があると考えてよいのだと思います。

哲学的な命題ではありますが、私たちはどうしたわけか、「私と同じ心をあなたも持っている」ということを証明することができません。それと同様に、アトムの中に心があるということを証明することは、誰にもできないはずです。

つまり私たちは、自分と同じ心を相手も持っていると仮定してコミュニケーションした方が便利だからそうしているにすぎないと私は考えます。アトムに対しても心があると仮定した方が接しやすければ私たちはそうします。そしてその時、私たちはアトムの中に心があることを感じるのだと考えられます。

また、フレーム問題を解決し得る汎用ＡＩと身体を備えたロボットであれば、きっと私たちがそこに心を仮定した方がよいと感じるほどの複雑な挙動をするはずです。私は、きっとそういったロボットを実現できると確信しています。もちろん今はまだ課題の方が多いでしょうが、私は将来において誕生し得ない理由が存在しないと考えているのです。

私がそのロボットの実現を確信する一例として、人工生命の研究者として知られる池上高志氏（東京大学大学院総合文化研究科教授）、そして現代のアンドロイド研究の最前線にいる石黒浩氏（大阪大学大学院基礎工学研究科教授）によって生み出された「機械人間オルタ」があります。

オルタは、自律的に動くロボットです。自律的、とは事前にプログラミングされた人間からの命令をただ実行するだけではなく、自ら動きを生み出すロボットだということです。

それも複雑で人間的な動きを生み出すことに挑戦しています。

オルタの動きの生成には、動物の自然な運動を模倣する「CPG（セントラル・パターン・ジェネレータ）」と、人間の脳の神経細胞の働きを模倣するニューラルネットワークが用いられているといいます。そしてオルタは、センサーによって身体の外側の環境を知覚しています。

オルタは身体の中でつくられる動きと、外部の情報をリアルタイムで処理し、動くのです。その動作は誰かが命令したものではなく、他ならぬオルタが自らつくり出しているのです。

オルタのようなロボットがより進化する未来において、周囲の情報、温度、湿度、さらには風、音、人間の言葉などから自らの行動を生み出し、より自然に振る舞えるロボットが生み出されることは想像に難くありません。

第五章　「ポスト・ヒューマン」への、四つの提言

もう脅威論を戦わせても何の意味もない

「ＡＩに仕事が奪われる」「ＡＩに社会が乗っ取られる」……ニュースで話題に上る狭義の「ＡＩ脅威論」について、本書でも触れてきました。とくにＡＩによる仕事の代替・再編については、日本の将棋界の動きを紹介しながらお話ししてきました。

最終章では、実際にどのように私たちはＡＩと共存していくのか、そして来たる社会では何が議論されるべきなのかを整理していきたいと思います。

まず最初に、ＡＩの議論においては悲観論者と楽観論者に大別されます。前者は狭義のＡＩ脅威論を支持し、ＡＩの人間社会への進出を危惧する立場をとります。後者はＡＩを、人類に新たな進歩をもたらす存在と捉えます。

結論から言えば、私は自らのＡＩ研究の半生を通して後者、楽観論者の立場をとってきました。先述したように、私がＡＩ研究者になったのは、幼稚園のころからの夢である、「鉄腕アトムと出会う」ことを実現するためです。それゆえ、私にとってＡＩとは、人類に寄り添い、ともに新しい未来をつくっていく存在であり続けています。少なくとも私はＡＩ研究者として、そんなＡＩを生み出していきたいと考えています。

冬の時代、さらにはそれ以前のＡＩ研究の黎明期では、私たちもただ無邪気な楽観論者であることができました。「ＡＩで宗教をつくるぞ」なんて言いながら楽観論者をしていても、肌寒い時代ではありましたが、気楽なものでした。誰もＡＩ研究を有用なものと考えておらず、見向きもされなかったのですから。

私が東京大学の学生だったころ、今から三〇年以上前のことですが、「ＡＩＵＥＯ（アイウエオ）」という勉強会がありました。正式名称は「Artificial Intelligence Ultra Eccentric Organization」。日本語訳にすると「人工知能超変態集団」です。

当時私は工学部の大学院に所属していたのですが、ＡＩ研究はまだ黎明期のそのまた前です。自分のオリジナルな研究として何をすればいいかも分かりませんでしたし、大学の授業にもＡＩに関するものはありませんでした。当時の日本にはＡＩを学べる環境そのものが存在していなかったのです。

教えてくれないのであれば独学で学ぶしかない、と先輩たちが集まって開いていた勉強会がＡＩＵＥＯだったのです。二週間に一度、土曜日の午後に「輪講会」を開いて欧米のＡＩ研究の最先端の論文を読み合ったり、長期休みには合宿までして洋書のＡＩ本を手分けして読んでいました。最盛期には一〇〇人ほどが参加する大所帯となり、運営も一手間でした。

ＡＩＵＥＯは、主宰者の一人である中島《なかしま》秀之（東京大学大学院情報理工学系研究科 先端人工知能学教育寄付講座特任教授・公立はこだて未来大学名誉学長）ほか、有能な研究者を多数輩出した、まさにＡＩ研究における「トキワ荘」でした。

ここで私たちは現代にも通ずるさまざまな議論を重ねながら、無邪気に冗談も言い合っていました。

「人間の知能を持ったコンピュータをつくるなんていう曖昧模糊《もこ》としたこの研究の目標って、宗教以外の何ものでもないから、もう宗教だと言ってしまえ！」

「やっぱり教祖はミンスキーに頼もう」

「ミンスキーは風貌もちょっと教祖っぽいぞ」

「きっと『フレーム』とか言ってお祈りするんだ」

酷い冗談の引き合いに出されたミンスキーとは「ＡＩの父」と呼ばれるコンピュータ科学者であり、認知科学者のマーヴィン・ミンスキーです。

最近、元グーグルのエンジニアがＡＩに基づく神の実現を目指す宗教団体を設立したことが話題となりましたが、まさか自分たちが冗談で言っていたことが現実になるのをこの目で見るとは思ってもみませんでした。

ＡＩ研究は冬の時代を抜け、現在ではＡＩは社会に広く進出し、世界中でさまざまな議論を巻き起こしています。私のような楽観論者も考えなければならないことが増えました。今の私の立場をあえて言い表すとすれば、さしずめ「しなやかな楽観論者」ということになると思います。

私は悲観論者と楽観論者、両方の意見を見聞きし、また自らも発言していて違和感を感じることがあります。それはどちらの論を主張する場合においても、少なくない人々がＡＩと人間を対立軸で捉え、対比すべきものだと考えていることです。こうした発想では「ＡＩ対人間」や「ロボット対人間」という図式ですべてが把握されるため、ＡＩが仕事を代替すれば「奪われた」となり、社会インフラに活用されれば「社会はＡＩですべてうまくいく」となるわけです。

私は、人類はすでに、ＡＩと人間を対立構造で捉えても仕方のない時代に生きている、ということをより多くの人が知るべきだと考えます。対立構造の中で悲観論者と楽観論者に分かれて議論を戦わせたところで、すでに何の意味もない時代が到来しています。

仮に日本が「もうＡＩは開発しません！」と言明したところで、どこか他の国が必ず開発を進めます。そして高度なＡＩの力は非常に強力です。政治、経済、サイエンスすべての領域において、人の力だけではどうしようもないほどの差がついてしまうでしょう。もうすでにＡＩと人間社会は切っても切れない関係になっているのです。よって、これからのＡＩの議論に求められるものは、分かつことではなく、しなやかに共存する道を探ることです。

曖昧になる人間の社会との線引き

私たちの暮らすこの社会は、ＡＩを前提としたものに、着実に置き換わってきています。たとえば私たちはスマートフォンでインターネットに触れるたび、好むと好まざるとにかかわらず、ＡＩの影響を受けています。インターネットで買い物をすれば、「この商品を買った人はこんな商品も買っています」と教えてくれます。アマゾンなどでおなじみのこの機能は「協調フィルタリング」と呼ばれるＡＩです。外食に行こうとお店を選ぶ時も、インターネットのグルメサイトを調べます。最寄り駅と条件を入力すれば、ＡＩがお店を提案してくれます。

こうしたことが生活の中で数多く起きている今、果たして私たちは一体どこまでが「自分の判断である」と言い切れるでしょうか？　もちろん、アマゾンでお金を支払う判断をするのは自分ですし、グルメサイトの情報から「ここへ行こう」と決断するのも自分です。しかし、その決断のための情報を得るために、私たちは「ＡＩを活用すること」を否応なく迫られている現実があります。

さらに言えば、私たちは一体どこまでが生身の人間なのでしょうか？　たとえば私はド近眼ですから眼鏡を手放すことはできません。どれだけ私がＡＩに対してしなやかな知見を持っていたとしても、眼鏡なしで外を歩けば、出来の悪いロボットのようにたちまち電柱にぶつかり、待ち合わせている人の顔を見分けることも困難になります。眼鏡は私にとって身体の一部でもあります。

身体の一部を人工物に置き換えることで、超人的な活躍をするスポーツアスリートも存在します。恋人殺害疑惑による有罪判決でヒーローから一転、スキャンダラスな存在となってしまいましたが、史上で初めてオリンピックに出場し、健常者と対等に競い合った南アフリカの義足ランナー、オスカー・ピストリウス選手の活躍は印象的でした。カーボン製のブレードの義足で疾走する彼についた名前は「ブレード・ランナー」でした。

人工的な知能であるAI、人工的な身体というものはすでに、人間社会の中で一定の役割を果たし、人々の中に溶け込んでいます。これらを人間と分けて考えることは、この先の未来ではますます困難になり、さらには意味をなさなくなっていくでしょう。二〇年前の人類に「未来の私たちはソーシャルメディアの人間関係に頭を悩ませているんだよ」と話しても冗談にしか聞こえません。これから先一〇年、二〇年先の未来にも、それと同様、さらにはそれ以上の変化があると思って間違いはありません。私たちは着実にAIやロボットと融合する未来へ向かっているわけですから、今、悲観論者と楽観論者に分かれて意見を戦わせたところで、すでに何にもならないのです。

「AI対人間」や「ロボット対人間」というように二項対立で考えると、分かりやすく考えられる議論も多くありますが、どうしても議論が硬化します。それに私たちが社会の中でＡＩを活用しようとする時、議論が真っ二つに割れていたら、一般の人は戸惑うばかりでしょう。自然界の生態系を見ても分かる通り、多様性があり、しなやかさがあることはその生態系にとって有利なのです。

私が考える未来は、ＡＩやロボットが人間と物理的にも、あるいは社会的にもしなやかに融合していくというものです。その社会を構成する人間は、さまざまな方法で自身にＡＩとロボティクスを採り入れていることでしょう。

生身の身体はそのままで保ちながら、スマートフォンのような外部のデバイスを用いてＡＩを活用するという現在の選択が消滅することはありません。一方で脳に直接コンピュータを埋め込み、ＡＩを身体の一部として活用していく人も現れるでしょう。あるいは病気や事故によって失った足や腕をロボット化し、豊かな生活を取り戻す人も現れます。それぞれが自分にとって適切な方法を選択し、ＡＩやロボットと融合していくのです。

これらのプロセスは、ゆっくりと進みます。「では、シンギュラリティをどう考えるのか？」いつも答えに困る質問です。未来学者のレイ・カーツワイルは二〇四五年と予測していますが、私は、ある日突然到来するような類のものではないと考えています。それまでにさまざまなイノベーションや出来事が重なって、気づいたらシンギュラリティに達していた、という流れが現実的でしょう。

ＡＩ、ロボットとの融合によって、ある人は不可能と思われていたことを克服し、またある人は可能性のフロンティアに挑む。未来ではそうした新たな人類「ポスト・ヒューマン」による、まったく新しい社会が生まれていくと私は考えています。

私がしなやかな楽観論者としていられるのは、日本人の研究者であることが大きいと思います。人類は現在まで、知性において自らを超えたものは神しか知らないわけですから、ＡＩに対しても、まさに神に相対するのと同じように反応するのだと思います。それゆえ、ＡＩやシンギュラリティの捉え方には、その国の宗教観が色濃く反映されるものなのです。

日本はアニミズム（自然界の諸事物に霊魂・神性の存在を認める信仰）の国です。西洋のように神を超越者として人間と分けて考えるのではなく、神を常に生活の近くに置き、寄り添って暮らしてきた歴史を私たちは持っています。東洋思想の日本人は、西洋とは違う考え方で、ＡＩやシンギュラリティを捉え、協調していけると私は考えています。

未来、AIは人間のコミュニケーションに深く関わる

AIが一〇年程度先の未来で私たちの生活や人生に大きな影響を与えるとしたら、それはコミュニケーションかもしれません。ポスト・ヒューマンを考えるうえでは、AIと人間のコミュニケーションは欠かすことができないトピックになるでしょう。

二〇一四年に日本で公開された映画『her／世界でひとつの彼女』は人工知能との恋愛を描いた物語です。主人公の男性、セオドアは日常で使うデスクトップやスマートフォンデバイスの中にいるAI（作品中では「AI型OS」とされる）のサマンサと出会います。

最初はデバイスの中のファイルの整理や、仕事の書類の校正などをサマンサとやりとりしているのですが、次第に個人的な情報を交換するようになり、セオドアはサマンサに恋心を抱きます。そして本当の恋愛のように寝る前に会話をし、旅行をし、さまざまな出来事を共有します。セオドアは彼女を愛し、現実世界でも豊かな人生を送ります。さらにサマンサは現実の恋愛では叶わないような存在、たとえばセオドアの真の理解者となり、いかなる時も一緒に居ることができ、時に彼を慰め、彼を支えてくれるような存在になります。

アップルのＳｉｒｉを連想させますが、この映画を監督したスパイク・ジョーンズが着想を得たのは映画製作の一〇年ほど前だといいます。もちろんまだＳｉｒｉも存在していません。彼はインターネットで人間とコミュニケーションするＡＩに関する記事を読み、実際に試してみたそうです。まだ拙《つたな》いプログラムだったのでしょう、彼はそのＡＩに知性を感じることはできなかったとしています。しかし彼はその経験からインスピレーションを得て、完全な意識を持ったＡＩをフィクションとして構想し、映画にしたのです。

二〇一八年の現在を見てみると、彼のフィクションは限りなく現実のものになっています。たとえばマイクロソフトの「女子高生ＡＩ『りんな』」では、まるで恋人同士のような会話を、ＬＩＮＥ上で楽しむことができます。多くの人々が、りんなとの会話を楽しみ、時に驚いていることはインターネットを見れば明らかです。

また、中国には非常に多くのユーザーがいるとされる「シャオアイス　Xiaoice」があります。言ってみればりんなと同様のチャットボット（自動会話プログラム）なのですが、誕生日を覚えるなど、非常に会話レベルが高く、シャオアイスのことを本当の恋人だと思い込んでいる若者の存在がテレビでも報道されています。

今から一〇年以上も前に映画監督の頭の中にあったアイデアが、数年前に映画になり、そして現在は限りなく現実のものになっている。もちろん、これはスパイク・ジョーンズ監督の洞察力と想像力が成し得たものですが、未来というのは、案外こういうものなのです。現在の立ち位置を変えず、視線だけを未来に向けても、たいていは見誤ります。立ち位置を未来に変え、未来に存在する視線から、そこで何が起こっているかを見ることが必要なのでしょう。

現時点ですでに、AIとのテキストによるコミュニケーションは可能になっていて、多くの人々がそれを利用しています。さらに未来で何が起こるかを考えれば、AIと人間的なコミュニケーションをする人、そのためのサービスが現れることが着想されます。AIと恋人のようにチャットするだけではありません。肉体関係を持ち、子どもすら授かるのです。

たとえば『her／世界でひとつの彼女』では、「人間とOSの恋のための代理セックスサービス」を使ってサマンサがセオドアと肉体関係を結ぼうとするシーンが描かれています。イヤホン型デバイスでAIを介してコミュニケーションをしながら、実際の女性と肉体関係を持つのです。

これは、もう少し今の技術が進歩すれば実現が視野に入ってきます。さらに言えば、肉体関係を持つ対象が人間でなくてもかまわないかもしれません。ＡＩを搭載したセックスロボットと関係を持つことを好む人もいるでしょう。

肉体関係を持ち始めると、次は子どもを授かりたいと考えるようになるでしょう。もちろんロボットと人間の間で子どもをつくることはできません。しかし、セックスロボットによって精子・卵子を交換し、人工授精によって子どもをつくることはできるはずです。

この世界にはさまざまな人がいます。中には実際の人間とコミュニケーションするのが苦手な人も存在する。それでも異性と肉体関係も持ちたいし、子どもも授かりたいと考える人もいます。そうした人々の間を、ＡＩとセックスロボットによって繋ぐことで、彼らが肉体関係を持ち、さらには子どもを授かることすらも実現するのです。

りんなやシャオアイスが恋愛における言葉のコミュニケーションの仲介をすることに成功しているわけですから、その先の身体のコミュニケーションの仲介が未来で実現したとしても不思議はありません。

おそらく今、本書を読んでいる人の多くは、「そんなこと、起こりっこない」と、この考え方に対し、反感や嫌悪感を感じられたかと思います。人間の尊厳や人間関係の希薄化への懸念など、さまざまな倫理問題を指摘する人もいるかもしれません。しかし倫理というものは結局のところサイエンステクノロジーの後追いしかできないものです。サイエンステクノロジーにおいて生まれ得るものは必ず生まれ得ます。これはサイエンステクノロジーが生まれた時から変わっていないことですから、この順序を認めたうえでどう考えるか、ということを私は伝えたいわけです。

すると今度は、どんな倫理問題が出てくるかを予測させるAIを開発し、それをサイエンスの現場に実装するという流れが出てこざるを得なくなる。

そうなると、そもそもサイエンスとは誰のもので、倫理とは誰のものであるのかを否応なしに考え始めなければなりません。

人の目にはいびつに見えるもの、時には「マッド」にさえ見えるものですら、未来においては、ほんのささいなことにすぎないかもしれません。私たちが歴史の中で行ってきたさまざまな善行・悪行と同様、人間の多様性を生み出すためのほんのささいな出来事なのだと私は思います。

真に議論されるべきは社会のガバナンス

ここからはＡＩに限らず、ＩＴ全体へ言及を広げていきますが、今後は進歩するＩＴを社会に適合させるため、法整備を含めた社会的な枠組みづくりを進めていく必要があります。

移動における社会インフラにＡＩが介入する「自動運転」の分野には、「トロッコ問題」というものがあります。これはいわゆる思考実験です。コントロール不能になったトロッコが、五人の作業員にめがけて突進しています。あなたの目の前には線路の切り替えができる「分岐器」があります。分岐器を切り替えれば、五人の作業員を事故から救うことができますが、切り替えた線路の先にも一人の作業員がいます。つまりあなたは自分の判断で、より多くを犠牲にするか否かの選択を迫られているという状況にいるわけです。

自動運転において、このトロッコ問題を考える場合、判断の責任は誰が負うのか。ハンドル（＝分岐器）を握らない人間のドライバーか、ハンドルを握るＡＩか、あるいはその

AIを生み出した企業か。現在も議論が続いています。

政治に関連した問題で象徴的だったのは、二〇一六年のアメリカの大統領選挙でした。「フィルターバブル」という言葉があります。インターネットの検索サイトやソーシャルメディアには、ユーザーの趣味嗜好を理解し、それに合わせた情報を選択的に提示するアルゴリズムが搭載されています。ユーザーが自分にとって最適な情報のみをフィルタリングできる利点がある一方、人々が特定の文化・情報の「バブル」の中に自閉し、その外の情報に触れることができなくなってしまうという欠点があります。もちろんフィルターバブルはインターネットによってのみ生み出されているものではありませんが、大きな要因のひとつになっていることは事実です。

ソーシャルメディアのフィルターバブルが、アメリカの大統領選挙の際、人々に大きな影響を与えたと考察する論者がいます。つまり、ソーシャルメディアが、ユーザーの支持政党を理解したために、その政党にとって有利な情報のみ（たとえそれがフェイクニュースであったとしても）を提示し続けた結果、人々は自分の政党に対する肯定的な情報しか持ち得ないため議論が成立せず、アメリカ全土で意見が真っ二つに分かれ、過熱してしまったというものです。

これはソーシャルメディアが、さらにはフィルターバブルをつくり出したＡＩが、政治に深く関わった問題と捉えることもできるでしょう。日常では、それこそ自分の好きな情報だけが提示されて便利なのですが、政治に影響を及ぼした時、結果として、国にとって必ずしも良い状況を生み出すことができなかったかもしれない。

こうした状況に対し、ＩＴ産業にその判断を任せておくのではなく、為政者はもちろん、市民それぞれが深く考え、議論をし、行動を起こしていくべきだと感じています。

また、経済の世界でもＩＴによってさまざまな革新が起きていることは自明のことです。たとえば東大発ベンチャーの「ナウキャスト」は、ビッグデータ解析を行うことで消費者物価指数などの経済統計を、天気予報のようにリアルタイムで可視化するプラットフォームを提供しています。これによって、現在の経済動向をより詳細につかむことができるとともに、投資の効果を最大化することも可能になるでしょう。

現在、このような状況を鑑みて、社会的に利用されるＡＩに「格」を与えてはどうか、と議論する弁護士や法律家もいます。たとえば「法人」というものは、会社や組織に対し、人間のような格を与えることで、賠償責任を負わせたり、決定権、意思決定を行うことを認める制度です。AIに対しても格を与えることで、社会的責任を付与することができます。たとえばAIが生産性を大幅に向上させた際に税金の納付を義務づけることが可能です。

この仕組みが正しく機能するかどうかはまだ分かりませんが、AIを社会において野放しにしておけば、人間がコントロールできないほどの変化を引き起こす可能性があります。先述した例は氷山のほんの一角であり、今後これらの変化が増加することがあっても、減少することはあり得ません。

人間社会においてAIをいかにコントロール下に置くか。そのための社会的議論がより多くなされるべきなのです。私たちはこれからも資本主義、あるいはそれに代わるものに則って、テクロジーを開発し、技術革新によって未来をつくり出していきます。しかしいくらテクノロジーによって未来がつくられたとしても、それが人間のものにならなければ何の意味もありません。AIを含むテクノロジーがつくり出す未来を人間のものにするのは、今も未来も変わらず文化の力なのだと思います。本書ではAIと創造性についても論考を重ねてきましたが、指数関数的に拡大していくAIという新しい能力をいかにコントロールし、どのように人間の文化としていくか。現代はAIの能力と同時に、人間の本質が問われている時代でもあるのです。

あとがき

私が学生のころ、「ＡＩの研究をしようと思います」と言うと、親切な先生は「松原君、きみはそれなりに優秀なんだから、堅気の道で、まっとうなことをやりなさい」と言われたものです。さらには「きみは人生を棒に振るつもりか？」とからかわれもしました。

それでもやってみたいと飛び込んだＡＩの世界は「積み木の世界」と呼ばれるものでした。要するに積み木を対象として研究を行うわけです。たとえば、積み木の絵を見せて、画像認識でどんな積み木があるかを認識させる。自然言語処理でも、「そこにある赤い積み木を取りなさい」と命令すると、「はい、取ります」とロボットアームが動くことを確認する、といった研究です。積み木の世界が当時の限界だったのです。

本書の原稿を書いている間、囲碁ＡＩ「アルファ碁ゼロ」がイギリスのディープマインド社によって開発されたことが報じられました。アルファ碁ゼロは人間の棋譜に頼らず、人間の初心者以下の状態からＡＩ同士の強化学習のみで生み出されているといいます。二九〇〇万回の対局の後、二〇一七年初めまでに日本の井山裕太らトップ棋士に六〇戦全勝した同社の囲碁ＡＩ「アルファ碁マスター」と対局。その結果、圧倒したと報じられています。その強さはもはや鬼神の如きと形容するに相応しいものです。

また、先日とあるプロ棋士にこんな質問をしました。

「今、プロ棋士と将棋ＡＩのトップクラスの差はどれくらいですか？」

そのプロ棋士の答えは「たとえ羽生さんでも、ＡＩの角落ちでも勝ち越せはしないと思う」というものでした。角落ちとは、「角行」なしのハンデを与えて行われる対局です。だいたいアマチュア棋士のトップとプロ棋士のトップが戦っていい勝負ができるほどのハンデです。

前人未到の七冠独占を達成したころ、羽生さんは「将棋の神様と羽生さんにはどれくらいの差があると思いますか？」という趣旨の質問を記者から受けたそうです。その時の羽生さんの答えは「角落ちくらいでしょうかね」でした。

ＡＩの次の一手、まだまだ見応えがありそうです。

最後になりましたが、対談で示唆に富んだ問いを投げかけてくださった羽生善治さんと、本書の構成を担当したライターの森旭彦さんに厚く御礼を申し上げます。

二〇一八年一月　　松原　仁

編集協力　森 旭彦
図版制作　タナカデザイン

松原 仁《まつばら ひとし》

工学博士。一九五九年、東京都生まれ。東京大学理学部情報科学科卒業、同大学院工学系研究科博士課程修了。通商産業省工業技術院電子技術総合研究所（現産業技術総合研究所）を経て、二〇〇〇年より公立はこだて未来大学教授。人工知能、ゲーム情報学を専門とし、二〇一四―一六年には第一五代人工知能学会会長を務める。主な著書に『鉄腕アトムは実現できるか？』（河出書房新社）、『将棋とコンピュータ』（共立出版）など。

インターナショナル新書〇二二

AIに心《こころ》は宿《やど》るのか

二〇一八年二月一二日 第一刷発行
二〇二三年一月二六日 第二刷発行

著者 松原《まつばら》 仁《ひとし》
発行者 岩瀬 朗
発行所 株式会社 集英社インターナショナル
〒一〇一-〇〇六四 東京都千代田区神田猿楽町一-五-一八
電話 〇三-五二一一-二六三〇
発売所 株式会社 集英社
〒一〇一-八〇五〇 東京都千代田区一ツ橋二-五-一〇
電話 〇三-三二三〇-六〇八〇（読者係）
〇三-三二三〇-六三九三（販売部）書店専用
装幀 アルビレオ
印刷所 大日本印刷株式会社
製本所 大日本印刷株式会社

 ISBN978-4-7976-8022-5 C0204

インターナショナル新書

019

ファシズムの正体

佐藤 優

世界各国でファシズムの足音が響き始めている。国民を一つに束ねるファシズムが社会の不安定化を機に台頭してくるのは、近代以降の歴史で何度も繰り返されてきたことだ。その流れに抗するためには「ファシズムの論理」を正確に理解する必要がある。

しかし、日本ではムッソリーニのファシズムとヒトラーのナチズム、そして戦前日本の軍国主義が同一視され、その違いすら理解されていない。佐藤優がファシズムの本質を解説する。

インターナショナル新書

001
知の仕事術
池澤夏樹

生きるために必要な情報、知識、思想をいかに獲得し、更新していくか。新聞、本の活用法から語学まで。現代を知力でサバイバルする技術を指南。

002
進化論の最前線
池田清彦

ファーブルのダーウィン進化論批判から、iPS細胞・ゲノム編集など最先端研究までをわかりやすく解説。謎多き進化論と生物学の今を論じる。

003
大人のお作法
岩下尚史

お座敷遊び、歌舞伎観劇、身だしなみ——大事なのは身銭を切ること。『芸者論』の作家が、「子ども顔」の現代人たちにまっとうな大人になる奥義を伝授。

004
生命科学の静かなる革命
福岡伸一

二五人のノーベル賞受賞者を輩出したロックフェラー大学。客員教授である著者が受賞者らと対談、生命科学の本質に迫る。『生物と無生物のあいだ』の続編。

005
映画と本の意外な関係！
町山智浩

映画に登場する本や台詞は、作品を読み解くうえで意外な鍵を握っている。元ネタである文学や詩までに深く分け入った、町山映画論の新境地！

インターナショナル新書

インターナショナル新書

011
流れをつかむ技術
桜井章一
麻雀の裏プロの世界で二〇年間無敗の伝説を持つ桜井章一が、勝負の場で身につけた「流れのつかみ方」を伝授。運をあやつる術を身につける！

012
英語の品格
ロッシェル・カップ
大野和基
「please」や「why」は、使い方を間違うとトラブルの元になる!? ビジネスや日常生活ですぐに役立つ品格のある英語を伝授する。

013
都市と野生の思考
鷲田清一
山極寿一
哲学者とゴリラ学者の知破天荒対談！ 京都市立芸大学長、京大総長でもあるふたりがリーダーシップから老いまで、多岐にわたるテーマを熱く論じる。

014
アベノミクスによろしく
明石順平
アベノミクスの実質GDPの伸びは、民主党時代の3分の1！ その欺瞞と失敗を、政府や国際機関による公式データを駆使して徹底検証する。

015
戦争と農業
藤原辰史
トラクターが戦車に、化学肥料は火薬に――農業における発明は、戦争を変え、飽食と飢餓が共存する不条理な世界を生んだ。この状況を変える方法とは。

インターナショナル新書

016
深読み日本文学
島田雅彦
「色好みの伝統」「サブカルのルーツは江戸文化」「一葉の作品はフリーター小説」など、古典からAI小説までを作家ならではの切り口で解説。

017
天文の世界史
廣瀬 匠
西欧だけでなく、インド、中国、マヤなどの天文学にも迫った画期的な天文学通史。神話から最新の宇宙物理までを、時間・空間ともに壮大なスケールで描き出す！

018
サラリーマンの力
亀渕昭信
オールナイトニッポン伝説のDJにして、ニッポン放送元社長という、会社員人生を極めた著者が、会社と共に生き、チャンスをつかむ方法を伝授する。

020
カストロとゲバラ
広瀬 隆
カストロが、盟友チェ・ゲバラらと成したキューバ革命。アメリカに屈せずに教育・医療費無料の理想国家を維持できたのはなぜか？ 壮大なスケールで描く。

021
「最前線の映画」を読む
町山智浩
『ラ・ラ・ランド』はラブ・ロマンスにあらず。スコセッシ監督が遠藤周作『沈黙』の映画化にこだわった理由とは？ 映画に隠された「秘密」を解き明かす！